한국인의 겸손의 심리

: 문화심리학적 분석

한국인의 겸손의 심리
: 문화심리학적 분석

김 은 미 著

한국학술정보(주)

목 차

표 목차

그림 목차

Ⅰ. 들어가면서

"나에게도 이런 좋은 상이 오는군요. 항상 마음속에서 생각하고 겉으로 표현하지 못 했는데 하나님께 제일 감사드립니다. 사람들에게 일개 배우 나부랭이라고 나를 소개합니다. 60여 명의 스태프들이 차려놓은 밥상에서 나는 그저 맛있게 먹기만 하면 되기 때문입니다. 나만 스포트라이트를 받아 죄송합니다. 트로피의 여자 발가락 몇 개만 떼어가도 좋을 것 같습니다. 그리고 항상 제 옆에 있는 것만으로도 나를 설레게 하고, 현장에서 열심히 할 수 있게 해준 전도연 씨에게 감사드립니다 …… 마지막으로 저희 가족과 사랑하는 동생과 조카와 지금 지방에서 열심히 공연하고 있는 '황정민의 운명'인 집사람에게 이 상을 바칩니다. 열심히 하겠습니다."

모 영화제에서 배우가 수상을 한 후, 자신을 낮추고 그리고 소탈하게 자신의 수상소감을 밝힌 것은 많은 사람들에게 좋은 인상을 남겼다. 무엇보다도 피상적으로 타인들에게 감사함을 표현하던 기존의 수상소감 방식과는 다른 마음속에서 우러나오는 솔직함과 진정성에 일반 대중들은 감동을 받고 있었다.

물론 기존의 각 시상식에서의 수상소감이 모두 마음속에서 우러나오지 않았다는 것이 아니라, 우리는 그러한 비슷비슷한 수상소감에 대해 당연히 그래야 하는 것처럼 여기었고, 그런 행동에 대해 커다란 의식 없이 받아들였다. 왜냐하면 우리는 성장하면서 당연히 그래야 하는 것으로 교육받아 왔고, 그래야 좋은 사람으로 평가받을 수 있다는 생각을 가졌었다.

그러나 이러한 행동을 하는 사람들이 진심에서 우러나와서 이러한 행동을 하는 것일까? 많은 행동들은 진심이 아닐 수 있으며 적어도 아님을 알고 있음에도, 우리는 어떤 성취한 목표에 대해 다른사람의 덕분임을 당연스럽게 표현해야 하는 것으로 교육받아 왔고, 그러한 행동이 올바른 행동인 것으로 학습되어 왔다.

역으로 어떤 사람이 자신의 성공이나 승리에 대해 자신의 노력이나 능력 탓으로 돌리는 것을 보거나 듣게 되면 대부분의 사람들은 '건방지다', '버릇이 없다' 같은 말로서 그 사람에 대해 부정적인 평가를 한다. 적어도 우리의 문화에서는 자신이 성취한 성과의 이유를 자신이 가진 능력이나 실력으로 돌리는 것은 대인평가상에서 긍정적이지 못한 결과를 초래거나 부정적인 평가를 받게 된다.

우리의 심리적인 의사소통의 중요한 내용이 배어있는 속담을 이해하는 것은 우리의 마음속의 심리적 구성체가 언어를 통해 드러난다는 것을 확인한다는 점에서 의미 있는 일이다. '벼는 익을수록 고개를 숙인다', '튀는 물고기 먼저 도마에 오른다', '물은 깊을수록 소리가 없다'와 같은 말들은 하나같이 뛰어나고 능력이 있는 사람일수록 자기를 드러내지 않고 낮추어 표현해야 한다는 것을 의미하는 속담이라고 할 수 있다. 또한 비슷한 맥락에서 '벼슬은 높이고 뜻은 낮추어라', '지위가 높을수록 마음은 낮추어라'와 같은 속담은 자기를 낮춤으로써 상대의 지위와 체면을 높여 줌으로써, 상대 앞에서 겸손한 언행을 해야 한다는 의미가 내포되어 있는 말들이라고 할 수 있다(최상진, 1991). 이러한 표현들이 21세기인 지금에도 통용되고 도덕적으로 가치 있는 행동으로 사람들의 내면적 가치 속에 존재하고 있다는 것은 개인주의 가치관으로 변해가는 오늘날의 우리에게 의미하는 바가 있다고 할 수 있다.

우리는 자신의 능력이 비록 뛰어나더라도, 자신의 뛰어난 점을 숨기고 드러내지 않는 것이 훌륭한 일로 여겨왔고 당연시되어 왔으며, 그러한 행동을 하는 사람을 인격적으로나 사회적으로도 바람직한 사람으로 여겨왔다. 자신의 잘난 점으로 인해 두드러지는 것보다는 타인과 비슷해지고 조화로워지는 것을 미덕으로 여겼다. 자신의 특출한 점을 드러내는 것은 바람직하지 못한 행동이며 그러한 사람을 예의가 없고 경솔한 사람으로 간주하였다.

그러면 이러한 겸손한 행동과 자신을 낮추는 행동이 우리의 문화권에서는 왜 일어나는가? 어떠한 행동이나 현상이 특정 사회에서 자주 일어난다는 것은 그것이 사회적으로 의미가 있는 행동이며 현상이라고 할 수 있다. 사회적 존재로서 그리고 사회의 구성원으로서의 한 개인의 행동은 사회적 영향을 받은 결과이며, 그것의 배경에는 역사적, 문화적, 그리고 사회화의 과정을 통해 형성된 것이라고 할 수 있다. 이러한 행동에 대한 연구는 그 사회의 역사적·문화적·사회적 산물을 분석함으로 가능할 수 있으며, 이러한 것을 통해 그 사회구성원의 심리와 행동에 대한 접근이 가능하다고 할 수 있다.

이러한 견지에서 본다면, 사람의 심리는 일상적인 언어나 생활 속에 배어든 관습을 통해 가장 잘 드러날 수 있다. 우리의 대화나 속담 혹은 생활의 현장에서 드러나는 '겸손'언행은 심리가 내포된 사회·문화·역사적인 산물이라고 할 수 있으며, 이것의 사회 문화적 현상에 대한 연구는 그 문화구성원의 행동에 대한 이해를 하는 데 도움을 준다.

한국의 문화를 관계문화 또는 집단성 문화라고 많은 학자들(김경동, 1979; 조긍호, 1990; 최상진, 최수향, 1990; 한규석, 1995 등)이 규정해 왔으며, 관계를 중요하게 생각하는 문화에서는 타인의 심성을 올바로 읽는 것이 대인관계 유지에 매우 중요한 관심사가 된다. 그러나 자신의 잘난 점을 드러내지 않고, 타인을 배려하는 겸손함이 서구의 개인주의의 영향을 받고 있는 오늘날에도 통용된다는 것은 그것이 지금도 우리의 일상생활에 기능적인 측면이 있음을 가정해 볼 수 있다. 이러한 겸손언행이 우리의 행동 심리체계 내에 어떠한 영향을 미치는가와 이를 바탕으로 겸손언행의 사회적·문화적·역사적인 의미와 기능을 탐색하는 것은 의미 있는 것이라고 할 수 있다.

겸손한 언행표현 방식의 학습은 사회구성원으로서의 사회화 과정에서 형성되는 것으로 볼 수 있다. 한 사회의 구성원은 그들 자신이 지금까지 내면화해 온 문화양식에 일치해서, 자신이 속한 사회에서의 대인관계에서 얻는 보상이 무엇인지를 알게 되며, 그들에게 이 보상이 필요하다는 것을 인식하게 된다. 유아기에는 문화의 작인(agent)에 의해서 새로운 구성원 속에 어떤 선택적인 자각이 구축되며, 특히 가족 속에서 그런 자각이 형성된다. 집단생활의 연속성을 유지하기 위해서는 사회화가 필요하게 되는데, 왜냐하면 사회화로 그 집단의 구성원으로 하여금 무엇을 할 것인지를 명령하고 방향지시를 할 뿐 아니라, 그렇게 하도록 동기를 강화해주는 것이다. 한 문화권속의 구성원의 행동양식이나 의식구조를 이해한다는 것은 그 문화와 그 구성원들의 심리, 행동을 알아내기 위한 연구의 필수적인 조건이 된다. 한국인의 의식과 행동의 이해는 한국의 문화와 사회를 이해하는 데 있어서 매우 중요한 한 가지 원천이 될 수 있다.

어떠한 언행 표현의 진정한 의미는 언행 표현 그 자체에 있다기보다는, 그 언행이 어떠한 형태로 표출이 되고, 그 언행 표현으로 반영된 타인의 반응 속에 내재된다는 것이다. 즉 언행의 단순한 외현적 의미보다 그 이면의 상징적 의미를 가지고 있으며, 상징적 의미란 곧 사회구성원이 공유한 사회·문화적 인지체계 및 감정세계에 뿌리를 두고 상호작용 하는 대인상황 속에서 생성되는 구성체라고 할 수 있다. 따라서 겸손언행이 구성되는 과정에서 그 행동이 의미 있는 행동이 되기 위해서는 행동 표현의 진실성과 마음성이 우러나와야 하며 이러한 행동의 바닥에 깔려 있는 의미를 행위자와 그 행동을 보고 의미를 파악하는 상호작용 대상자도 이해하고 있다는 것을 또한 포함한다.

우리의 사회적 현상은 사회 문화적인 요소에 근거하고 있으며, 이는 우리 사회의 구성원의 마음을 구성한다고 할 수 있다. 사회구성원으로서의 인간의 행동과 가치는 그가 속한 사회의 역사·문화적인 산물의 영향을 받게 된다. 이러한 산물은 우리가 그것을 잘 인식하고 있든 그렇지 않든 간에 우리의 삶과 행동 그리고 사고의 한 부분으로서 영향을 미치고 있다.

이러한 사회·문화적 배경에서 겸손한 언행을 하는 행동은 사회·문화적으로 구성되어진 규범행동이라고 할 수 있으며, 사회의 규범가치에 따르는 행동은 타인으로부터 호의적인 평가를 얻는다. 따라서 우리가 성공의 원인을 외적요인으로 귀인하는 행동은 행위자에 대한 호의적인 평가를 일으키게 되며, 또한 실패의 원인을 내적으로 귀인하는 것에 대해서도 호의적인 평가를 하게 된다. 집단이 이루어 행한 행위결과에 대해 성공적이었을 경우에는 집단의 속성으로, 실패하였을 때는 자신의 속성으로 귀인하는 것은 마찬가지로 호의적인 평가를 일으킬 수 있다. 그러나 이러한 행동은 우리의 사회·문화적 규범가치에 따르는 행동으로 볼 수 있으며, 이러한 행동 이면의 행위자의 솔직한 마음에는 다른 판단을 할 수 있다. 즉, 자신을 좋게 보이고자 하는 의도와 동기를 가지고 사회의 규범가치에 따르는 겸손한 언행을 한 것이라고 할 수 있다.

따라시 본 연구자는 이러한 싱대의 심싱 배려와 싱대의 체면을 세워주고 그리고 사회적·문화적 가치의 내면화에 따른 상대를 배려하는 의례성을 표현하기 위한 행위방식을 겸손한 언행이라고 판단하고, 겸손언행의 표현에서의 사회·문화적 배경을 고려한 기능적인 측면과 겸손언행의 형식성에 대해 살펴보고자 하였다.

Ⅱ. 겸손함에 영향을 미친 요인들

겸손한 언행이 우리의 사회적 관계에게 가치 있는 행동개념으로 자리잡게 된 배경에는 역사적으로 우리의 행동규범의 근간이 되는 유학과 유교의 영향을 무시할 수 없다. 유교라는 것은 공자가 계승한 선왕들의 가르침, 즉 문화적 교육을 통해 덕화를 실현하려는 도덕적·정치적 사상체계를 지칭하는 개념이며, 이러한 가르침을 받아 배우고 닦는 후학들의 노력이 유학이다.

유교는 본래 유학에서 온 것인데, 유학은 중국의 선진(先秦) 이전의 인간의 행동규범을 규정해놓은 철학적 의미의 사조이며, 유학사상은 고려시대에 우리나라에 들어와서, 여러 시대를 거치면서 국가통치의 최고 이념이 되었다. 이것이 우리 사회에서 전달된 이래로 기존에 존재하던 샤머니즘과 불교의 종교적 가치와 더불어 일반인의 사고와 행동에 영향을 미치게 되었으며, 사람들의 정신과 행동에 이론적이고 실천적인 틀로 자리잡게 되었다(조긍호, 1998). 이는 한국인의 압도적 다수가 실제로 유교에서 요구하는 삶의 자세와 생활관습을 따르고 있는 사실에서도 알 수 있다.

따라서 겸손행동을 이해하기 위해서는 우리나라 사람들의 삶 속에 깊이 뿌리 박혀 있는 유학 사상과 그것의 실천적 의미인 유교에 대한 이해가 선행되어야 한다.

1. 생태적 측면의 영향

서양과 달리 전통 동양사회에서 일차적으로 중요하게 여겨온 덕목은 '정의'가 아니라 '조화'였다. 동양의 전통 윤리는 서양의 상호 무관심한 낯선 타인들 간의 공정한 이익분배에 그 초점이 있는 것이 아니라, 공동체 내에서 구성원 상호간의 화합과 인륜적 질서의 확립, 그리고 구성원들의 인격적 완성에 그 초점이 맞추어져 왔다.

우선 타인과의 원만한 관계를 중시하는 현상은 농경사회에서 그 특징을 찾아 볼 수 있다. 농업생산을 위주로 했던 전통사회에서는 특별한 경우가 아니고서는 주거의 이동이 거의 불가능했으며, 혈연을 중심으로 마을을 이루어 생활하게 되었다. 가족과 가문내의 친족간의 서열에 의해 모든 일에 대한 의사결정이 이루어졌으며, 혈연을 중심으로 한 마을에서는 엄격한 장유유서(長幼有序)의 원리에 의해서 일이 처리되었다. 이러한 상·하 서열적 위계를 중요하게 여기는 의식은 어디에도 명시되어 있지는 않았지만 그 구속력은 대단했다고 할 수 있다. 즉 농경사회에서의 사회화 과정은 순종과 복종, 책임감을 강조하였다(최준식, 1998). 이러한 환경에서의 인간관계 윤리는 일정한 공동체 안에서의 '구체적'이고 '직접적'인 인간관계 그리고 계층적 신분관계에서 요구되는 '관계 질서'의 확립에 그 일차적 목표를 두었다. 따라서 타인을 배려한 행동과 자신의 주장보다는 타인의 입장을 고려하였으며, 윗사람의 입장을 존중하지 않으면 안 되는 상황에서는 자신을 내세우기보다는 겸손하게 행동하는 것이 바른 행동이며 몸가짐이 되었을 것으로 생각해 볼 수 있다.

우리의 사고와 행동에 영향을 미친 또 다른 하나는 고려시대에 우리나라에 들어와 조선시대에 많은 영향을 준 유학의 원리이다. 첫째는 유학에서는 인간을 언제나 누구의 아버지, 누구의 남편, 누구의 이웃이라는 인간관계를 통해서 파악한다. 이러한 관계중심 원리의 핵심도 또한 사람들 간의 관계 속에서 도덕규범의 원리를 찾고 있다. 공자의 "임금은 임금다워야 하고, 신하는 신하다워야 하고, 아버지는 아버지다워야 하고, 아들은 아들다워야 한다(君君, 臣臣, 父父, 子子)"는 것은 임금과 신하의 관계, 아버지와 아들의 관계 속에서 바로 세워질 수 있음을 말하는 것이다. 그리고 오륜의 군 / 신(君 / 臣), 부 / 부(夫 / 婦), 부 / 자(父 / 子), 장 / 유(長幼), 붕 / 우(朋 / 友)도 관계중심의 윤리를 설명하고 있다. 유학에서는 인간을 그가 속한 사회와 결코 분리시킬 수 없는 유기체적 존재로 파악한다. 유학에서 한 개인의 자아 정체감은 자신을 타인으로부터 분리하고 고립시킴으로써 추출되는 것이 아니라 타인과의 관계 속에서 차지하는 자신의 위치를 확인함으로써 얻어진다고 할 수 있다. 다른 사람의 감정과 마음을 상하지 않게 행동하는 것이 바람직한 행동이며, 관계유지에 손상을 입히지 않는 것이 옳은 행동인 것으로 여기게 하였다.

둘째, 유교의 윤리는 인간을 사회적 상·하 관계로 보고 있다. 가부장적이고 계층적인 의식은 외형적으로 순종을 요구하는 것보다는 보다 더 객관적인 타당성 있는 질서를 요구한다. 이러한 상·하 서열적, 수직적인 관계만을 윤리적인 것으로 보고, 지배자가 피지배자에 대하여, 상관이 부하에 대하여 외경, 존경, 의무만을 요구하고 인정하는 것이다. 위의 삼강오륜(三綱五倫)이나, 공자의 '바로 세우기' 덕목도 결국은 관계 속에서 상하관계의 규범을 의미하고 있는 것이라고 할 수 있다. 유교에서 본 인간관은 사람을 하나의 독립된 인격자로 본 평등한 인간관이 아니고 종적 관계에서 본 불평등한 차별적 인간관계인 것이다. 오늘날에도 우리가 권위를 중심으로 사회가 조직되고, 가문, 직업, 성별, 연령에 의한 상·하 수직적인 서열관계를 중요하게 여기는 위계 질서적 조직원리가 강조되며, 그에 상응하는 행동양식을 취하고 있는 것으로 볼 수 있다(최재석, 1993). 이러한 윗사람의 권위와 지위에 대해 따르고, 의무를 다해야 한다는 유교의 원리는 올바른 행동형성에 영향을 미치게 되었고, 시간이 지나면서 점차 사회적 규범가치로 개인의 가치로 내면화하게 되었다고 할 수 있다.

셋째, 유교에서는 개인의 자유와 자율보다는 개인이 속한 공동체의 목적을 실현하기 위해 자신을 헌신할 수 있다는 공동체 중심의 도덕원리를 갖는다. 유교에서는 이기심을 극복함으로써 자신이 속한 공동체의 도덕규범에 따르는 것과 그것에의 동화를 중요하게 여겼다. 권리나 몫에 대한 주장보다는 보살핌과 화해를 중시하는 공동체주의적 윤리관이 형성되었다. 또한 이기심을 극복함으로써 인간이 완전해질 수 있다고 보는 유교의 인간관은 사적인 이익을 추구하기보다는 자기 성찰과 자기 절제를 중요시하게 하였다. 권리나 몫에 대한 주장보다는 덕의 함양을, 자율과 자유 대신에 공동선과 화합을, 사적인 이익의 추구보다는 어짊과 양보를 강조한다. 이러한 가치는 나보다 동료를, 개인보다 집단을 우선시하는 것이 인간의 도리에 적합하다고 보고, 그에 맞는 행동을 하는 경우를 바람직한 것으로 보게 되었다.

넷째, 유교에서 추구하는 화해의 이상은 자연히 자기 몫 주장보다는 양보와 겸양을 중시하며, 인(仁)과 예(禮)를 근간으로 하는 덕 중심의 윤리관이다. 공자는 '인(仁)'에 대해, 자신의 사사로운 욕망을 버리고, 인간에 대한 사랑과 공동체적 질서를 회복하는 것이 인의 실천방법이라고 하였으며, 정약용은 인간의 가장 기본적인 덕목을 인(仁)으로 보고, 인을 두 사람 간의 관계로 인식하여 인간 됨이라는 것은 두 사람 사이의 관계라고 하였다. 또한 맹자는 '예(禮)'를 인간 성품의 도덕적 기본 요소의 하나로 보고, 사양(辭讓)하는 마음이라는 선한 감정으로 나타나는 것이라 지적하였다. 예(禮)는 인간이 서로 사양하고 공경하는 마음이라고 할 수 있겠다. 자산(子產)은 "예(禮)는 하늘의 길이며, 땅의 규칙이며, 사람이 행해야 할 바"라고 하여 인간사회의 규범이 예(禮)라고 하였다. 예(禮)는 사람 사이에 차례를 정하고 행동에 절도를 확립함으로써 질서를 이루게 해준다고 보았다. 최재석(1993)은 오늘날 우리가 "미안합니다"나 "죄송합니다"를 사용하는 경우에는 상당히 자기를 낮추고, 황송해 하는 심적 상태를 나타내므로, 사양이나 겸손의 덕이 잘 나타난다고 보았다. 그러나 우리는 아는 사람과 윗사람에 대하여는 겸양지덕(謙讓之德)을 발휘하면서, 모르는 사람에 대해서는 이 겸양의 덕을 발휘하지 않는다고 하였다(최재석, 1993).

이상에서 보는 바와 같이, 인간의 성품이 지닌 도덕적 가치는 유교의 윤리적 가르침의 영향을 받은 유교의 윤리가 일반인들의 행동규칙으로 변화되면서 더욱 선명하게 인식되었음을 알 수 있다. 유교의 규범으로는 연민, 의리, 예절, 지혜, 신의와 충절, 효도 등을 들 수 있다. 이러한 덕목은 인간의 내면적 인격성으로서 확인되기도 하지만, 기본적으로 인간관계를 맺는 인격적 덕성이라고 할 수 있다. 즉 유교에서 추구하는 도덕규범은 근본적으로 인간관계의 규범이라고 할 수 있다.

이러한 규범행동에 대해서는 오늘날 우리 사회에서도 올바른 행동으로 교육적 현장에서 이루어지고 있다. 초등학교 도덕 교과서를 분석한 자료를 보면(한규석, 1999), 공적인 영역과 사적인 영역에서 중요한 것은 조화와 위계질서의 수용이라는 두 가지 규범을 확인하고 있는데, 내집단의 화목과 성원들의 조화는 집단주의 문화권의 가장 핵심이 되는 덕목임을 다시 한번 확인할 수 있다. 교류과정에서 생기는 성원 간의 갈등은 당사자들이 논리를 따져서 시비를 가리는 내신에, 양보를 하거나, 권위자(어른, 아버지, 교사)의 중재를 수용하는 양태로 해결되는 것을 바람직하게 여긴다(Leung, 1987). 화목과 위계질서의 두 가지 덕목은 유교 문화권에서는 지상덕목의 역할을 한 것이고, 이는 아주 어린 시기부터 사회적 가치의 내면화가 이루어지고 있음을 알 수 있다.

이러한 다른 사람과의 원만한 인간관계를 중요하게 생각하는 사회 · 문화적인 환경 속에서, 다른 사람에 대한 배려를 하고, 타인에게 양보하고 윗사람을 공경하는 다양한 방식으로의 겸손한 언행이 실천행동으로 주어졌음을 확인해 볼 수 있다. 한 개인이 속한 문화적 환경과 그 문화가 중요한 가치로 간주하는 규범행동은 한 개인의 심리적 구성체를 형성하는 데 많은 영향을 미치게 되고, 사람들의 행동과 그 이면의 심리적 이해를 하기 위해서는 사회 · 문화적인 요인들을 이해를 바탕으로 해야 할 것으로 사료된다.

2. 문화(文化)와의 상호작용으로서의 심리(心理)

문화는 고정된 실체가 아니다. 문화는 항상 끊임없이 변화하고 있으며, 역동성을 그 특성으로 하고 있다. 문화는 세대 간 · 세대 내의 상호작용 속에서 형성되고 변화되는 것이다. 한 사회에서 공유되는 문화적인 의미와 활동들은 누가적이며, 세대와 세대를 거치면서 변형이 되기도 한다.

진화론적인 입장에서 보면, 인간의 생존에 대한 적응적 가치가 있는 활동성(activity)과 의미(meaning)는 그 사회구성원들에 의해 공유되어 다른 세대로 전달이 된다.

어떠한 사회구성원들이 특정한 문화적 현상을 공유한다는 것에는 두 가지 의미를 내포하고 있다. 즉 문화적 현상은 일상생활을 조직성을 부여해 주며, 이러한 문화적 의미의 공유는 구성원들 간의 의사소통 과정을 통해 이루어진다. 어떤 사회적 사건이나 행동이 있을 때 이러한 사건이나 행동에 대한 사회·문화적인 합리성과 타당성을 부여해 주며, 그 사회의 구성원들이 그 현상에 대한 이해를 하게 해준다.

문화를 이해하는 것은 그 문화구성원들의 마음과 행동을 알고 이해하게 해주며, 그 문화가 사회적 현상을 구성하고 이해하는 방식을 알게 해준다(Bruner, 1993). 이점에 있어서, 특정 문화와 그 구성원들의 사회적인 행동 그리고 행동 이면의 마음은 명확하게 구분하기 어렵다(Johoda, 1992). 문화와 인간의 심리는 불가분의 관계에 있으며, 사람의 심리 속에 문화가 사회적 과정을 통해서 영향을 미치고, 또 사람의 심리는 문화의 영향을 받는다. 사람의 행동과 마음을 이해하게 되는 것이 문화에 대한 이해이며, 문화를 이해하는 것이 바로 그 구성원들의 행동방식에 대한 이해라고 할 수 있는 것이다(최상진, 한규석, 김기범, 2000).

문화심리학에서는 사회구성원으로서의 인간의 심리현상을 보다 충실하게 이해하고 기술하고자 한다. 문화심리학은 사회적 현상의 다양한 매개 및 영향요인 중에서 사회·역사·문화적 측면에 초점을 두고 인간의 심리 및 심리현상을 이해하고 설명하는 데 주 관심을 갖는다. 문화적 경험을 통해 구성되고 축적되며, 이를 반영하는 심리 및 심리현상을 다루려고 한다. 문화적 특성을 연구하거나 파악하는 방식은 문화를 직접 연구하기보다는 그 구성원이 심리적으로 어떤 현상을 경험하고 구성하는 방식과 내용에 대한 분석을 통해 이루어진다. 사람들이 실제적 삶의 경험과 내면적인 태도를 밝혀야하며, 이는 이러한 사람 경험이 사회·문화·제도 속에서 일어나는 실재적이

며 살아있는 현실이 되기 때문이다(Thomas & Znaniecki, 1958, p.1834)

그러므로 문화심리에서는 인간의 행동과 마음에 대한 이해를 하기 위해서는 각 문화의 생활방식과 의사소통 형태에 맞는 방법을 취해야 하며, 그 문화권의 사람들의 삶의 양식 및 의사소통의 형태에 적합하게 구성되어야 한다.

문화심리학에서 관심을 갖는 심리의 영역은 의미, 동기, 의도성, 인간관, 자연관, 세계관을 포함하는 마음의 영역이다. 또한 문화심리학에서는 문화가 갖는 특성인 공구성성, 공유성, 간주관성을 바탕으로 구성되는 심리화된 문화적 성분을 떠내어 체계화하는 것을 과제로 삼고 있다(최상진, 1999). 결국 문화심리학의 궁극적 지향은 문화와 심리를 별개로 구분하여 이 둘이 어떤 영향을 주고받는가에 관한 관심을 넘어서, 심리 속에 용해된 문화와 문화를 매개로 이어지는 심리적 삶 자체를 이해하고 설명하는 데 있다(Johada, 1992). 문화심리학 연구에서는 긴박한 대처 현실에서 발동되고 작동하는 심리적 경험과 마음의 움직임을 당사자적 입장에서 떼어내는 것이 매우 중요하다. 따라서 문화심리에서는 행동보다는 개인의 주관적 경험과 주관적인 경험이 어떠한 문화적 맥락하에서 이루어졌는가에 관심을 둔다.

문화가 인간심리에 어떠한 영향을 미치는가에 대해서는 여러 가지 관점이 있다. 첫째로는, Vygotsky(1978), Leontiev(1981), Ratner-(1997), Cole(1990), Wertsch(1985) 등에 의해 제안되고 발전된 것으로 이들은 인간의 정신과정의 근원을 사회에 두고 있다. 즉, 인간의 심리적 본성은 사회적 관계들이 내재화된 것이며, 이것이 개인에게 기능적 역할을 하고 있다고 본다. 이들은 세상과 인간을 연결하는 것은 활동(activity)을 통해서이며, 이것을 연구함으로써 인간의 심리형성의 과정을 알 수 있다고 본다(최상진, 한규석, 김기범, 2000).

둘째로는 문화 구성론적 관점으로, Bruner(1990), Shweder(1991), Harre와 Gillett(1994) 등의 접근이 이에 해당된다. 이들은 집단적 사회과정 속에서 이루어지는 담론과 상호작용을 통해 문화가 어떠한 의미체계와 신념체계, 해석체계, 가치체계 등의 형태로 인간의 심리 속에 내재화되고 변모되는가에 관심을 둔다. 따라서 중요한 것은 의도를 지닌 행위이며, 행위자와 수용자가 어떠한 행동방식으로 의사소통을 하며, 그 행위에 대해 어떠한 방식으로 해석을 하는가에 대한 이해가 중요하다. 사회적 존재로서의 인간이 그가 속한 사회의 규범과 준거에 따라 삶을 영위하는 존재로 보았을 때, 사회적 자극에 대해 어떠한 해석을 하며, 어떠한 의미를 가진 행동을 하며, 어떠한 의도를 갖고 행동을 하는가가 중요하게 된다.

따라서 문화심리학의 연구대상은 인지적 과정이라기보다는 사회구성원으로서의 개인의 주관적인 마음과 생각의 내용이 되며, 여기서 행동은 주체적 경험에 관여되는 마음과 생각을 추론하거나 확인하는 외현적 단서의 하나로 취급된다(Alasuutari, 1995). 따라서 문화심리학에서는 질적 연구방법을 중요하게 생각한다(김정운, 한성열, 1998; Ratner, 1997).

문화심리학은 연구의 대상으로 심리현상에 대한 일반인의 표상과 이러한 현상 및 표상과 관련된 일반인의 경험양식을 일반인 심리학(folk psychology)의 입장에서 분석하고, 이를 기초로 하여 그 현상을 개념적으로 구성한다(Bruner, 1990). 따라서 연구의 대상 자체에 대한 성격 규명과 이를 기초로 한 현상의 개념화가 일차적인 과제가 되고 이 작업에 많은 노력을 투여하게 된다.

본 연구에서는 일차적으로 사회적 표상수준에서 겸손한 언행의 개념과 사회적 의미를 살펴보고, 사회적으로 의미를 가지는 다양한 상황적 맥락에서 행해지는 겸손한 표현방식이 구성원 개개인의 마음속에 어떠한 모양새를 갖추고 있는가를 알아보고자 한 것이었다. 겸손한 언행을 알기 위해서는 일반인의 표상내용과 경험속성들을 일반인이 생각하고 느끼며 생각하는 바대로 일반인의 언어로 표출시키는 것이 중요하다는 판단에서 이루어진 것이라 할 수 있다. 따라서 구조화된 질문지가 아닌 개방형 질문지를 사용하여 일반인들의 생각하는 내용과 그것이 뜻하는 바를 알고자 하였던 것이다.

문화심리학에서는 삶의 일상생활 속에서 일어나는 상황적 맥락 속에서의 자극의 의미와 기능에 대해 연구하는 것을 지향한다. 행동 자체만으로는 그 행동의 의미를 확인할 수 없으며, 동일한 행동이어도 사회적 맥락이 어떠한가, 그리고 누구와의 관계에서 이루어지는가에 따라 행위 이면의 행위 의도와 내용은 다를 수 있다. 사회·문화적 가치와 관련된 사회적 행동은 그 사회의 가치와 규범을 내포하고 있으며, 행동의 의미를 이해하는 데에는 상황맥락이 중요하다고 하겠다. 어떠한 반응이건 상황맥락 속에서 다양하고 복잡한 자극과의 상호작용 속에서, 행위자의 행동의 의도와 해석방식, 그리고 행위의 의미 그리고 문화적 행동의 전체적 기능에 대해 관심을 두고 있다. 겸손언행의 의미는 행위자가 사회적 자극이나 상황과 관련해서 어떻게 해석했고, 어떤 마음이 들어서, 왜 그렇게 행동했는가에 대한 설명을 통해서만 확인할 수 있다.

본 연구에서는 겸손한 언행이 일어나는 상황맥락과 겸손행위의 의도와 마음성에 관해서 질적인 연구를 하였고, 겸손언행이 발생하게 되는 상황맥락을 알아보고, 특정 상황에서의 행위자의 행동의 의도와 마음을 읽어내는 수용자의 판단, 해석방식에 대해 알아보고, 마지막으로 겸손행동의 사회·문화적 기능을 알아보았다.

3. 자아개념(self-concept)의 영향요인으로서의 겸손한 언행

자아(self)는 자신 혹은 자기로서 보는 현상적 장의 일부로, 조직화 되고 일간된 지각의 패턴을 나타낸다. 개인이 갖고 있는 내면적, 외현적 특성 그 자체와 그것에 대한 자기 개념을 포함한 것으로 지속성과 순간성을 모두 가지고 있다. 즉 자신을 바라보는 일관성을 지니면서도 고정된 것이 아닌 현상학적 장에서 끊임없이 변화하는 것을 특징으로 한다.

이러한 자아는 여러 가지 경로를 통해 긍정적이거나 부정적인 자아개념을 형성하게 한다. 우선은 아주 어린 시기부터 타인의 특성과 자신의 특성을 비교함으로써 형성이 되는 것으로, 이런 비교행위는 세상의 복잡한 사건들을 범주화하게 해주고, 그로 인한 복잡한 현상을 적은 시간과 에너지를 갖고 이해하게 해준다(Festinger, 1954). 또한 자아는 타인들이 자신에 대해서 어떻게 생각하는가 하는 거울 반사적 자기에 의해 형성되기도 한다.

한 개인의 자아가 형성되는 과정 속에서 자아는 한 개인의 발달단계에 따라 그 내용과 특징이 바뀌며 개인의 중요한 관심사, 개인이 속한 문화 및 시대의 특징을 반영하기도 한다. 자아는 개인 및 집단이 속한 사회·문화적 맥락 속에서 형성되고 기능하는 사회·문화적 산물이다. 나는 누구이며, 무엇을 행하고 가치 있게 여기는지, 어떤 삶을 지향하는지에 대한 의문을 추구하고 답을 제공하는 자아는 사회 속에서 형성되므로 그가 생활하는 문화의 특성을 반영할 수밖에 없다. Markus와 Kitayama(1991)는 주어진 집단의 구성원들은 다른 집단구성원들보다 주어진 문화 틀 내에서 기대되고 작동되는 것에

28

좀더 유사하게 반응한다고 제안하면서, 같은 문화의 구성원들은 유사한 행동경향이나 패턴을 공유한다고 하였다. 이들은 문화는 개인의 자아-구성체에 영향을 미치고, 역으로 이들은 모든 행동양상에 영향을 미친다. 겸손한 언행은 사회·문화적으로 구성되어진 것으로 사회적으로 바람직한 행동으로 간주되며, 그러한 행동을 하는 사람은 사회적으로 바람직한 사람으로 평가를 받는다. 또한 이러한 사회적으로 규범화된 행동을 하는 개인이 형성하게 되는 긍정적인 자아구성에 영향을 미친다고 할 수 있다.

Flavel(1974)은 어떤 문화는 다른 문화에서 보다 어떤 행동에 대한 설명을 하도록 방향을 지을 수 있으며, 이 경우 그 문화권의 아이들은 어렸을 때부터 그러한 기술을 배우고 행하도록 자극을 받는다고 하였다. 즉 A 문화는 어떻게 행동하도록 요구하는 것을 강조하는 문화라면, 이 문화에서는 사람들이 어떤 행동을 하는 가장 중요한 이유는 "다른 사람들이 원하기 때문에"가 된다. 반면, B 문화에서는 "다른 사람들이 원하기 때문에"가 아니라 "행동이 규정하기 때문에" 사람들이 어떤 행동을 하도록 동기화된다. B 문화에서는 사람들이 조심스러운 설정 규칙대로 어떤 행동을 하는 반면, A 문화에서는 사람들이 원하기 때문에 그렇게 행동하게 되는 것이다(Lillard, 1998에서 재인용). 이러한 차이는 설명하려는 욕구에서의 차이 때문일 수 있다. 특히 개인의 바라는 바가 매우 소중하고 그래서 어떤 행위를 하는 중요한 동기요인으로 간주될 때, 어떤 점에서 그 개인의 모든 행동은 독특한 사회적 환경 상황에서 끌어내어지는 관습적 사건이 될 수 있다는 것이다. 다른 사람의 내면을 예측한다는 것은 그러한 문화 속에서의 행동을 이해하는 데 특히 중요하며 다른 사람의 내적인 상태를 예측함으로써 "설명하려는 욕구"는 사회적 규범이 행동을 규정하는 문화에서 보다 높게 나타날 수 있다.

서양에서의 삶의 궁극적 목표가 개인의 자기실현이고 삶의 과정에서 자기의 개성을 강조하였다면, 동양-특히 유교문화권-에서는 개성보다는 사회관계를 원만히 하는 됨됨이를 갖춘 인간을 바람직하게 보았고 이를 위한 인의예지(仁義禮智)의 체득을 삶의 목표로 삼았다 (최상진, 1994). 동양의 한국, 중국, 일본 등지에서는 사회적 자아에서 특히 관계적 자아가 중요한 특성으로 나타나고 있다. 관계적 혹은 상호의존적 자아란 주위 사람들과의 관계 속에서 자신을 규정하는 부분이다.

문화권에 따라 자아가 차지하는 비중이 다른 것으로 볼 수 있다. 흔히 동양문화를 집합주의 문화라 하고, 서구문화를 개인주의 문화라 본다(Hofstede, 1980; Triandis, 1989). 집합주의 문화권에서는 자기가 속한 가까운 내집단과 연결시켜서 자아를 파악하는 경향 및 자신의 사회적 신분, 역할 등이 중요한 요소로 나타난다. 즉 집단적 자아가 큰 비중을 차지하며, 개인들 간의 상호의존성을 유지하는 것이 중요하다(Markus & Kitayama, 1991). 가정해보면, 집합주의에 대한 강조는 구성원의 발달에 초석을 제공하며, 조화, 응집 그리고 협력과 같은 가치와 연합이 되며, 이것은 구성원들이 자신을 지각하고, 정서를 느끼고 행동하는 데 영향을 미친다.

반면 개인주의 문화권에서는 자신의 독특성으로 구성되는 사적 자아의 비중이 더 높게 나타난다(Triandis et al., 1988). 즉, 독립적이고, 독특하고, 자동적이고, 분리되고 그리고 개인은 독립적인 자아-구성체(self-construals)의 형성을 고무시킨다. 서양문화의 개인주의에 대한 강조는 이러한 문화적 목적을 조장하는 틀을 제공한다. 독립적인 자아-구성체는 역으로 이들 개인이 생각하고, 지각하고, 정서를 느끼고 행동하는 방식에 영향을 미친다. 한 국가의 문화는 자아-구성체의 형성에 발판의 역할을 한다. 자아-구성체는 기초적인 문화 차원과 연합이 된다. 자아-구성체를 구성하는 환경을 문화가 제공하게 되는 것이다.

모든 인간은 자신의 자아를 긍정적으로 지각하고 타인에게 비쳐지는 긍정적인 자아의 이미지를 실현하고자 한다. 그 과정에서 자아의 내용은 그 사람이 살고 있는 사회·문화적 환경의 영향을 받게 된다. 즉 그 사람이 살아가는 사회의 가치규범에 합당한 자신을 구성하고자 한다는 것이다. 이점에서 보면, 서양에서의 자아는 개인의 독특성과 유일함이 자아 구성의 내용이라고 한다면, 우리의 자아실현 과정의 내용은 다른 사람들과의 원만한 대인관계를 추구하는 것이라고 할 수 있다.

집합주의 문화권에서 자아는 타인과의 관계상황 속에서 적절하게 표현되고 정의되어진다. 자아의 표현은 관계 상호간의 의무와 챙겨야 할 일, 관심사에 의해서 구속을 받는다. 사람들은 상대방이 안면을 세워주고 동시에 스스로의 체신을 보존하는가에 대해 관심이 있다. 그러나 개인주의 문화권에서 자아란 개인 내적인 것으로 정의되고, 바깥으로 표현되는 행위는 이 내적인 실체의 반응으로 여겨진다. 자아의 표현과 자아의 모습은 상황에 구속되지 않으며, 개인은 스스로의 필요, 욕구에 따라서 행동한다. 개인의 관심은 자율성, 자주성을 유지하며 아울러 상대방의 것도 지켜주는 데에 있다.

사람들이 하는 행동은 목표 지향적이라는 점에서 의미가 있다고 할 수 있다. 어떠한 행동들이 어떠한 목적을 가지고 행한 것인가를 판단하는 기준은 목표를 성취하고자 하는 시도로 이해될 수 있다. 우리는 효과적으로 행동하기 위해, 관계를 만들고, 유지하며 자아개념을 관리하기 위해 사회적인 가치규범에 따르는 행동을 한다. 따라서 특정한 행동 이면의 목적들에 대해 알아보는 것은 대인간 관계의 사회적 영향력이 어느 정도인지에 대한 사회·문화적인 맥락과 개인

이 어떤 행동을 함으로써 얻을 수 있다고 판단되는 내면에 가지고
있는 동기를 이해하는 데 통찰력을 제공해 준다고 할 수 있다.

사람들은 남과 교류 시 자신을 어떻게 부각시킬 것인지에 큰 관심
을 갖는다. 남에게 어떠한 인상을 줄 것인가는 상황마다 다를 수 있
다. 상황에 따라서 사람들이 일반적으로 보이는 자아상은 다를 수
있으나, 사람들은 긍정적인 자아상을 보이려 하며, 교류에의 목적을
달성하는 데 도움이 되게끔 인상관리를 한다. 인상관리의 과정이 꼭
의도적으로 교활함을 띠고 있는 것은 아니다. 인상관리를 하고 있는
당사자가 자신의 행위를 의식하지 못할 수 있다. 인상관리, 또는 자
아 제시는 사회화 과정에서 학습되고, 무의식적으로 상황단서에 의
해 자동적으로 촉발되어 나타날 수 있다(Schlenker, 1980).

우리는 집단을 이루고 사는 사회적 존재이며 자원과 사회적 지지
를 획득하기 위해 사회적 관계망을 개방하려는 욕구가 있다. 이런
경향성은 우리가 특정 집단으로부터 승인을 받기 위해 어떤 행동을
할 때 특별한 주의를 기울인다는 것을 의미한다. 따라서 규범이 내면
화되면, 그것은 개인의 자아-개념으로 통합이 되고, 미래의 규범행
동은 자신의 자아에 적합한 행동을 하도록 하게하고, 이는 자아-존
중감이나 자아-승인과 같은 느낌을 받게 한다(Deutsch & Gerard,
1955). 사람들은 자신을 긍정적으로 평가하고 현재의 그들에 대해
좋게 느끼려는 기본적인 욕구를 가지고 있다(Leary, 1995; Steele,
1988). 우리는 긍정적인 자아 존중감과 자아-가치감을 유지하고자
한다. 비록 이러한 규범들은 사회적 상호작용에서 공유된 기대에서
일어날지라도, 개인적인 수준에서의 내면화된 규범은 자아-고양이
나 자기 비하에 대한 예측 때문에 행해진다고 할 수 있다. 사람들은
"자아 가치감을 강화하거나 유지하고 부적인 자아개념으로 인한 괴
로움에서 벗어나기 위해" 자신이 가진 자아 가치감과 일치하는 방향

에서 행동한다(Schwartz, 1977).

문화의 영향을 받는 자아의 이러한 속성으로 인해, 우리는 다른 사람으로부터 어떻게 보일 것인지에 대한 관심이 많으며, 또 자신을 관계 속에서 잘 보이기 위해 사회에서 규정하는 행동을 하기도 한다. 이것은 결국 내면화 되어진 사회규범에 따르는 사회구성원으로서의 자신에 대한 스스로의 평가에서도 긍정적인 느낌을 갖기 위해 행동한다. 이 점에서, 자신의 모습을 다른 사람들과 상호작용을 하면서 어떻게 보이게 할 것인가, 자신이 스스로를 어떻게 볼 것인가는 우리 문화에서 중요한 것이다.

따라서 겸손이라는 언행 자체는 우리 사회에서 바람직한 가치를 지니고 있는 것이며, 또 사회구성원들의 가치로 내면화된 행동이기도 하다는 점에서, 그렇게 행동하는 것은 어느 정도의 당연성과 의례성이 있을 수 있다. 한편, 적극적인 자아제시의 일환으로, 겸손언행은 다른 사람과의 교류 시에 다른 사람으로부터의 평가나 시선을 고려해서 하는 행동일 수 있다.

4. 사회적 규범행동으로서의 겸손한 언행의 기능적인 측면들

어떤 사회 상황에서든 반드시 해야 할 행동과 해서는 안 되는 행동을 마련하는 사회적 기준들을 규범(norms)이라고 한다(Rossi & Berk, 1985). 사회적 규범은 어떤 집단의 구성원들에 의해 이해되고 법의 강제성이 없이 구성원들의 사회적 행동을 강요하거나 안내하는 규칙과 기준이다. 따라서 어떤 한 사회의 사회·문화적인 규범을 알게 되는 것은 그 사회구성원들이 표현하는 다양한 행동방식에 대해 알게 해준다. 즉, 한 사회의 규범은 그 구성원들의 행동을 기술하고 해석하는 것을 도와주기 때문에 광범위한 구성개념이다. Sherif-(1936)는 규범을 사회적 행동 즉, 관습, 전통, 기준, 규칙, 가치, 의복, 그리고 개인 간의 접촉의 결과로 표준화되어진 다양한 행위기준에 대한 구성원들이 공통적으로 협의한 규칙으로 기술하였다(Cialdini & Trost, 1998에서 재인용). Pepitone(1976)은 규범이라는 것은 사회적 행동이 무선적으로 관찰된 개인적인 특성이라기보다는 특정 집단이나 조직 그리고 다른 사회·문화적인 특성이라고 하였다.

규범은 집단구성원들이 자신의 행동을 규제하며, 상호작용 하는 과정에서 구성원들 간의 응집력을 증진시키는 데 사용되는 안내지침서의 역할을 한다. 즉, 규범적 영향력은 사람들로 하여금 집단의 규범과 일치하는 방식으로 느끼고, 생각하고, 행동하도록 만든다. 이러한 입장에서 겸손언행은 우리의 사회구성원들에게는 반드시 해야 하는 사회적 규범행동이라고 할 수 있다.

규범은 사회적으로 어떠한 행동이 가치 있는 것인지를 말해주는 경우는 규정적 규범(prescriptive norms)과, 어떤 특정상황에서 어떻게 행동해야 하는지를 알려주는 의미가 강할 때는 금지적 규범(proscriptive norms)으로 분류하기도 한다. 그러나 이러한 분류는 규범자체가 함축하고 있는 의미가 어떠한가에 따라 다양하고, 상황에 따라 또한 다른 의미를 갖기 때문에 분명하게 어떠한 규범적 행동을 구분하기는 어렵다고 할 수 있다(Cialdini, Kallgren, & Reno, 1991; Cialdini, Reno, & Kallgren, 1990; Schaffer, 1983).

Sherif는 대부분의 경우 집단의 규범은 사회와 그 구성원이 상호 간에 영향을 주고받으면서 발달한다고 주장한다. 따라서 특정 사회 규범적 행동은 행동자에게 의미가 있는 중요한 타인들로부터의 기대,

행위자의 행동에 대한 자기 자신의 기대, 그리고 다른 사람의 행동
을 관찰함으로써 행위자가 발달시키는 기준과 같은 일반적이고 사회
적인 기대를 포함하고 있다(Blake & Davis, 1964; Pepitone, 1976).

사회적 규범이 사회체계 내에 어떻게 나타나게 되었는가에 대해서
는 두 가지 시각이 있다. 한 가지 시각은 규범이 문화에 의해 가치
있는 것으로 간주되었거나 강화를 받았기 때문에 적응되어진 행동에
대한 강제적인 규칙이라는 주장이다(Berger & Luckmann, 1966;
Opp, 1982; Soloman, Greenberg, & Pyszczynski, 1991). 이 점에
있어서 문화적으로 적합한 특정 언행을 수행함으로써 우리는 그 행동
을 하는 사람에 대해 긍정적인 평가를 하게 되며, 그러한 행동을 관
찰하는 것으로도 유쾌하고 긍정적인 정서를 유발하게 된다. 이것은
우리의 사회 · 문화적 가치규범 때문이기도 하며, 또한 행위자 개인
에게는 강화를 받는 행동이라고 할 수 있다.

Opp(1982)는 우리의 일상생활을 살펴보면, 대부분의 규범은 사회
에서 다른 사람으로부터 직접적으로나 대리적인 강화가 반복적으로
수행되고, 보상을 받는 행동을 통해 환기된다고 하였다(Berger &
Luckmann, 1966). 그 행동은 그것의 보상의 힘 때문에 특별한 상황
에서 자주 행해지는 행동이 된다. 특정 행동이 얼마나 자주 행해지
는가는 규범을 상호작용 하게 되는 사회적 집단에서 사람들 간의 의
사소통이 얼마나 있으며, 집단의 응집력이 어떠한가, 그리고 그 규범
행동이 그 집단에서 얼마나 중요한가에 따라 영향을 받는다. 그리고
이러한 사회적 가치규범이 한번 형성이 되면, 집단구성원들이 그 가
치에 대해 암묵적인 수락과 내면화가 이루어진 것이라고 할 수 있으
며, 규범을 "어기는" 행동은 어기는 것 이상의 부적인 손해를 감수
해야 한다.

다른 사람들과의 관계를 중요시하고, 집단으로부터의 이탈을 두려

워하고, 다른 사람들이 자신을 어떻게 평가할 것인지에 대해 민감한
우리의 사회·문화적 특성에서 살펴보면, 우리가 일상적으로 거의
의식하지 않고 행동하는 여러 가지 사회적 행동들의 발생과 발달은
우리의 사회·문화적 특성과 무관하지 않음을 알 수 있다. 사회적으
로 적절한 자기 제시와 집단으로부터의 승인은 집합주의 문화에서는
대단히 중요하며, 자아를 낮추는 사회규범에 따라 행동하도록 강하
게 동기화된다(Leong & Ward, 1999). 그렇게 행함으로써 자신이
더욱 성숙되고 잘난 사람으로 평가될 수 있다는 기능적 측면을 또한
고려할 수 있다.

또 다른 시각은 규범적인 행동의 기능적인 측면에 대한 것이다.
즉 규범은 집단의 목표를 성취하기 위해 도움이 되기 때문에
(Allison, 1992; Campbell, 1975) 나타났으며, 따라서 효과가 없거나
정확하지 않은 규범은 유지되지 않는다는 것이다(Jabobs &
Campbell, 1961; Schaller & Latane, 1996). Sherif(1936)는 규범이
기본적인 인간의 욕구와 바람을 만족시키기 위해 나타났다고 본다
(Cialdini & Trost, 1998에서 재인용). 사회이론가들은 규범이 개인적
인 수준이든(Sherif, 1936), 집단적인 수준이든(Campbell, 1975;
Pepitone, 1976; Summer, 1906), 생존과 관련이 있는 행동을 고무하
거나 줄이기 위해 개발되었다고 주장한다. 왜냐하면, 이러한 입장은
진화론적인 입장인데, 적응가치가 있기 때문에 존재하고 유지된다는
것이다(Allison, 1992; Campbell, 1975; Schaller & Latane, 1996).

겸손한 행동을 함으로써 다른 사람들로부터 호의적인 평가를 얻어
내고, 겸손한 언행은 언행 이면의 다른 여러 가지 긍정적인 평가와
함께 이루어지는 경향이 있다. 즉 겸손언행을 하는 행위자에 대한
후광효과(halo effect)가 작용하는 것이다. 이러한 현상은 사회가치규
범에 따르는 행동은 대인관계나, 직업상황에서 긍정적인 역할을 할

수 있다. 즉 더 나은 사회적 지위와 경제적 안정을 이루게 해줄 수
도 있는 것이다.

그리고 무엇보다 중요한 것은 특정 언행이 사회적 규범행동이라
할지라도 구성원들이 그 행동을 가치 있게 여기지 않는다면 그 언행
은 유지되지 못할 것이다(Solomon, Greenberg, & Pyszczynski,
1991). 겸손언행 자체가 어떠한 연유로 우리의 행동규범으로 들어오
게 되었든, 우리들은 그 행동이 진화론적인 입장이든 강화를 받는
행동이든 간에 구성원들 스스로가 가치 있고 바람직하다고 생각하며,
따라서 당연하게 여기는 내면화된 구성원들의 가치기준이 존재하기
때문에 지금도 우리의 행동에 영향을 주는 것으로 간주된다.

규범의 가장 중요한 특성 중의 하나는 만약 그것이 다른 사람들과
공유되지 않는다면 존재하지 않는 다는 것이다. 규범은 공유된 신념
체계이며 개인이 간직하고 있는 개인의 심리체계와 사회문화체계 둘
다에 대한 관점에서 검토되어야 한다(Berger & Luckmann, 1966;
Campbell, 1975; McKirnan, 1980; Pepitone, 1976).

규범은 현실(reality)을 명확히 하는 것 이외에, 사회적 세계에서
기대되는 행동들을 분명하게 해주기 때문에 강력한 힘을 가지고 있
다. 따라서 사회적 규범에 따르는 행동을 하는 것은 사회에서 관계
성을 확립하고 유지하기 위해 행해지는 것이다.

집단의 규범을 성문화하면 집단의 공식적인 규칙이 되는데, 대부
분의 경우 규범은 구성원들이 암묵적으로 받아들이는 것이다. 집단
성원들이 어느 규범을 채택할 것인가를 놓고 투표하는 경우는 거의
없고, 구성원들이 점진적으로 자신들의 행동을 어떤 기준에 합치시
켜 나간다. 규범은 단순한 외부적 제약만은 아니고, 내면화된 기준이
기도 하다. 사람들은 확립된 규범의 합법성을 인정하며, 규범 준수의
중요성을 인식하고 있기 때문에, 집단의 규범을 지켜야 할 의무감을

가지고 있다. 그렇기 때문에 구성원들은 규범을 너무나 당연한 것으로 여겨서 규범이 있는지조차 모르다가, 규범을 어기는 사례가 발생했을 때에야 비로소 규범이 있다는 것을 알게 될 정도이다. 규범에는 평가의 의미가 있다. 즉, 규범을 어긴 사람은 '나쁜' 사람으로 간주되고 다른 구성원들로부터 제재를 받게 된다.

위에서 살펴본 것처럼, 사회적 규범행동으로서의 겸손행동은 사회적 기능이 있다. 한 개인의 가치관은 그 사회에서 통용되는 사회적 기준을 내면화하고 있다. 따라서 사회적 기준이나 규범에 자신도 모르는 사이에, 암묵적으로 따라하는 경향이 있다. 이러한 규범은 그 행동을 지켜보는 다른 사람들도 자기도 모르는 사이에 당연한 행동으로 받아들인다. 그리고 당연히 그래야 하는 행동으로 생각하는 경향이 있다. 그러나 그러한 행동은 사회적 가치에 반하는 행동이 표출되었을 때, 그 행동의 가치가 명확하게 드러난다. 우리도 사람들이 겸손한 언행을 했을 경우는 당연히 그것을 받아들이는 경향이 있으며, 만약 그러한 행동을 해야 하는 상황에 그러한 행동을 하지 않았다면, 여러 가지 부정적인 평가를 받게 된다. 겸손한 언행은 이러한 평가 때문에, 사회적으로 바람직한 행동을 함으로써 평가적 차원에서 좋은 인상을 받고, 그리고 부정적인 평가를 피하고자 하는 의도에서 행해지기도 한다.

Berkowitz와 Lutterman(1968)은 개인의 규범에 대한 지식을 측정하였으며, 일반적으로 규범행동이 다른 사람에 대한 의무감으로 동기화된다기보다는, 사회적 책임감이 높은 사람들이 그들이 자신의 사회적 집단이 생각하는 것이라고 지각하는 것이면 무엇이든 옳다고 하는 경향이 있음을 발견하였다. 규범적 사회영향의 개념을 가지고, 어떤 사람들(예: 사회 인정 욕구가 높은 사람들)이 다른 사람들보다 동조를 더 많이 하는 이유도 설명할 수 있다(Tuddenham, 1959).

따라서 본 연구에서는, 사회적 규범행동인 겸손언행이 우리가 중 요하게 여기는 사회적인 가치와 기준에 의해 영향을 받는다고 보아 겸손언행의 사회심리학적 기능에 대해 알아보고자 하였다.

5. 겸양적 편향인가? 아니면 이기적 편향인가?

귀인현상은 사람들이 상호작용 하는 곳이면, 어느 문화에서나 보 편적으로 나타난다. 사람들은 개인적 경험뿐 아니라 문화적 영향으 로 인해, 자신의 행동뿐 아니라 다른 사람들의 행동의 원인을 판단 할 때 사용하는 귀인 관련 인지목록들을 지니고 있다. 어떠한 상황 에서 사람들이 한 행동에 대해 그 행동을 왜 하였는가를 판단해야 할 때, 그 행동이 행위자의 내적 성격 때문인지, 아니면 외적인 다른 요인 때문인지를 결정하는 것은 사회적으로 문제시되는 행동일 경우 에는 귀인판단의 여부가 중요한 자료가 되기도 한다. 또한 대인관계 상황에서는 행위자의 행동의 원인에 대한 판단의 여부가 행위자의 개인적 속성에 대한 평가에 영향을 미치기도 하고, 행위 수용자의 행 동에 직접적인 영향을 미치기도 한다. 특히, 특정 행동이 동일한 상 황에 처한 많은 사람들이 하는 행동과는 다를 때 다른 사람들과 다 른 유별난 행동이거나 예측을 뒤엎는 행위일 경우에는 행위자의 특 징으로 행동이 귀인되기도 한다(Jones & McGillis, 1976). 예를 들면, 우리 사회에서도 행동에 대한 원인을 귀인할 경우, 겸손하게 행동하 는 것은 당연시되고 예의 있는 행동으로 평가받지만, 만약 그러한 행동을 하지 않는 다면, 그 사람에 대한 평가는 그 사람의 개인적인 속성으로 평가받게 되는 경우가 그러하다.

사람들은 개인적 경험뿐 아니라 문화적 영향에 의해 타인의 행동을 판단할 때 적용하는 귀인 관련 인지목록들을 지니고 있다. Moscovici(1981)는 사회적 표상의 맥락 내에서 모든 인과적 설명이 이루어진다고 하면서, 귀인의 문화구속성을 분명히 하였다. 즉 각 문화 집단이 공유하고 있는 신념체계와 가치체계가 어떠하냐에 따라, 그 행동의 목표와 원인에 대한 판단체계가 달라지고, 곧 그것은 그 행동을 수행한 행위자에 대한 평가로 이어진다고 할 수 있다. 따라서 사회가 가치 있게 여기는 가치나 문화의 차이는 귀인의 차이를 유발할 수 있다. Moscovici와 Hewstone(1983)은 개인적 수준의 변수만을 다루는 것에 더해서 사회구성원들이 공유하고 있는 신념체계와 가치체계를 다룰 것을 제안하고 있다. 이러한 사회적 맥락의 중요성을 강조하는 이론가들을 사회적 귀인론자라고 한다(최상진, 최순영, 1989).

Heider와 Kelley에 의해 대표되는 전통적인 귀인이론은 인간을 합리적 과학자로 보고, 논리적인 근거에서 자료를 처리하여 합리적인 귀인을 하는 존재로 제시하고 있다. 그러나 사람들은 어떠한 연유에서건 자신의 행동에 대해 주도면밀한 생각을 하지 않고 행동하기도 하고, 때로는 자신이 가지고 있는 인지적 도식을 활용하여 즉각적으로 행동을 하는 경우도 있다. 즉, 인간은 생각하는 것만큼 그렇게 합리적인 존재가 아닐 수도 있다는 것이다.

또한, 인간은 때때로 사실의 여부와는 다르게 자신에게 유리한 방향으로 행동의 원인을 돌리기도 하다. 이러한 경우를 이기적 편향(self-serving bias)이라고 하는데, 이것은 자신의 행동이 성공하였을 경우에는 그 행동의 원인을 자신에게 돌리고, 실패하였을 경우에는 책임을 부정하는 경향성을 말한다(Nisbett & Ross, 1980; Zuckerman, 1979). 사람들이 이러한 편향을 보이는 것에 대해서는 다양한 설명을 하고 있는데, 사람들은 성공했을 경우는 자신이 노력을 해서 그런 것이므로 내귀인을 할 수 있고, 실패하였을 경우는 자신의 기대에 어긋나기 때문에 외귀인을 한다는 인지적인 측면의 설명이 있으며(Miller & Ross, 1975; Taylor & Riess, 1989), 또 다른 설명은 자존심을 유지하고, 자신을 좋게 타인에게 제시하기 위해 이기적 편향을 보인다는 것이다. 즉, 다른 사람들에게 좋게 보임으로써 자신의 인상을 관리한다는 것이다.

그러나 다양한 여러 민족 집단을 표집으로 한 연구에서 보면(Chandler, Shama, Wolf & Planchard, 1981; Fra & Ghosh, 1980; Kashima & Triandis, 1986; Watkins & Regmi, 1990), 모든 사람들이 이기적 편향현상을 보인 것은 아니며, 오히려 어떠한 집단에서는 그 반대의 현상이 나타났다. 즉, 자신의 성공은 운으로, 실패는 자신이 무능해서 그런 것으로 귀인하는 현상이 나타났다. 이러한 현상은 같은 집합주의 문화권인 중국인에게서도 똑같이 나타나고 있다(Bond, Hewston, Wan & Chui, 1985; Hewston, Bond, & Wans, 1983).

이러한 현상은 자신의 행위에 대해서만이 아니라 자신이 속한 집단이나 가깝게 여기고 있는 집단의 성패에 대해서도 나타났다(Lau & Russell, 1980; Taylor & Doria, 1981; Winkler & Taylor, 1979;). 예를 들어, 자신이 속한 팀이 스포츠 경기에서 승리했을 경우 패배했을 때보다 더욱 내적 요인에 의한 것으로 귀인하였다. 이를 집단고양 편향(group-serving bias)이라 한다. 이러한 집단고양 편향은 내집단(즉, 같은 종족) 성원들의 긍정적 행동에 대해 내적 귀인을 하는 반면, 외집단 성원의 행동에 대해서는 그러한 효과가 일어나지 않는 형태로 나타났다(Hewstone & Jaspars, 1982). 또한, Yamaguchi(1988)도 일본 학생들에게서 그러한 증거를 발견했다. 그는 일본인은 자기 성공에 대해서는 운, 실패에 대해서는 능력과 노력 부족에 귀인을 하지만, 경쟁상대의 성공에 대해서는 능력과 노력에 귀인하고(타인고양 편향,

other-enhancing bias), 실패에 대해서는 운에 귀인하는 타인보호 편향(other-protection bias), 타인증진 편향(other-serving bias)이 나타났음을 보였다.

Markus와 Kitayama(1991)는 아시아 문화권에서의 많은 연구 표집을 사용해서, 집합주의 문화권에 국한되어 나타나는 이기적 편향의 반대현상을 겸양편향(modesty bias)이라고 설명하였다. 이들은 사회의 한 구성원으로서 사람들이 보이는 이러한 귀인 현상은 그것이 일어나는 사회적 맥락에 따라 영향을 받는다는 것이다. 즉 사회 문화적 규범가치 때문에 겸양편향 현상이 나타난다는 것이다. 동양문화에서 주로 겸양편향 현상이 나타나는 것은, 겸손하게 행동하고, 자만하지 않게 보이는 것을 중요하게 생각하는 사회적 가치 기준이 있으며, 또한, 사람들은 자신을 다른 사람들 앞에서 호의적인 평가를 얻어내고자 하는 내면의 동기가 있으므로, 사회적 가치기준에 따르는 행동을 하는 것은 결국 자신에 대한 다른 사람들로부터의 호의적인 평가를 받을 수 있음을 내포하고 있는 것이다.

특히, Bond, Hewstone, Wan과 Chui(1985)는 중국 피험자들을 대상으로 한 연구에서, 피험자의 익명성이 집단고양 편향이 나타나는 것과 나타나지 않는 것에 결정적 요인이라고 하였다. 중국 피험자들은 성특성을 설명하는 데 있어서 청중이 있는 조건에서만 집단고양 편향을 나타났으며, 청중이 없는 조건에서는 집단고양 편향의 반대현상이 나타났다. Wan과 Bond(1982)도 이기적 / 겸양적 편향과 관련지어 이들 결과를 모사하였다. 중국 피험자들이 성공실패의 귀인을 익명적인 응답지에 할 경우에는 이기적 편향이 나타났으나 비익명 조건하에서는 겸양편향 현상이 나타났다. 이는 달리 말하면 겸양적 귀인은 표현뿐이고 내면의 귀인은 다를 수 있다는 가능성을 제시한다. 이렇게 집합주의 사회에서 자기 귀인을 할 때는 겸양편향이 나타나고, 타인 귀인을 할 때는 타인 증진편향이 나타난다는 결과들은, 이 문화권에서는 조화와 양보 등 관계지향적 행동을 추구하는 경향이 강함을 잘 드러내 준다고 볼 수 있을 것이다.

이러한 입장에서 겸양편향을 역자아고양적인 귀인형태로 보기도 한다(Weary & Arkin, 1981). 즉 관찰자가 자신의 귀인의 타당성을 검토할 수 있게 된 상황이나 사회적 규범에 의해 겸양이 요구되는 상황 등에서는 자아고양 귀인이 나타나지 않거나 역자아고양적인 귀인이 나타난다는 것이다. 김혜숙(1995)의 대학생을 대상으로 한 연구에서도 이것을 시사하고 있다. 피험자들은 비익명일 경우, 그렇지 않은 경우보다 더 타인을 고양하는 행동을 함으로써, 자신의 인상을 관리한다고 보았고, 이것이 역자아고양일 수 있다고 하였다. 이러한 추론은 집합주의자들이 이러한 겸양편향적 귀인을 하는 사람을 자아고양 편향적 귀인을 하는 사람보다 더 좋아하는 경향이 있다는 사실에서 입증된다(김진국, 1986; Yoshida, Kozo & Kaku, 1982).

지금까지의 연구결과를 보면, 사회·문화적 가치기준의 영향을 받아, 그 구성원들의 귀인방식도 영향을 받는 것으로 판단할 수 있다. 즉, 행동의 원인을 귀인할 경우 겸양적 행동을 표현하는 것은 그 사회의 가치기준에 따르는 행동이며, 결국은 자신에 대한 호의적인 평가를 바라는 마음을 배경에 갖고 있음을 추정해 볼 수 있다. 즉 밖으로 표현된 내용은 겸손한 방식의 언행일지라도 마음에는 행위자 자신에 대한 호의적인 평가를 염두에 두고 하는, 결국은 자신을 고양시키기 위한 행동임을 추정해 볼 수 있다. 즉, 서양의 '이기적 편향'이 그 문화권에서 규정하는 행동방식에서 비롯되었다면, 한국을 포함한 동양 문화권에서는 그러한 이기적 편향보다는 집단을 고양(group-serving or enhancing)하거나 자신을 낮추는(self-effacing) 겸양편향 현상이 나타나며, 이러한 현상은 문화적으로 공동 구성되고 공유된 의미로 규범화된 것이라고 할 수 있다. 따라서 그러한 행위의 이면에는 '자신의 탁월함과 우수성'을 인정받고자 하는 마음의 표현방식일 것으로 여겨진다(한규석, 1995).

Ⅲ. 겸손언행의 사회심리학적 개념화

겸손언행이 어떠한 사회·문화적 배경을 갖고 있으며, 문화적인 영향력과 어떠한 관련이 있으며, 그것의 배경에는 어떠한 의미가 내포되어 있어서 겸손한 언행을 하게 되는지를 간략하게 알아보았다. 겸손언행이 우리의 사회관계에서 중요한 행동 표현방식으로 영향을 미치게된 배경에는 고려시대 이래로 우리의 사회생활에 영향을 미쳤던 유학의 원리와 유교의 가르침을 빼놓을 수 없으며, 이러한 가치가 개인의 사고와 가치에 영향을 미쳤으며, 사회·문화적 가치에 따름으로써 타인으로부터 호의적인 평가를 받고, 원만한 대인관계를 유지하고, 결국은 자신의 자아를 고양하기 위한 수단의 역할을 하였다.

따라서 이러한 겸손언행의 의미는 무엇이며, 그것의 사회심리학적인 의미는 어떠한 것인지를 알아보고자 한다.

1. 겸손(謙遜)의 의미

1) 겸손의 사전적 의미

겸손행동의 사회심리학적인 의미가 무엇인지를 알아보기 전에, 겸손이라는 것이 무엇인지, 다른 비슷한 말들과는 어떻게 차이가 있는지를 알아볼 필요가 있다. 우선, 겸손(謙遜·謙巽)이라는 말의 의미를 한자에서 찾아보면, "謙"은 '겸손하다', '사양하다'라는 의미이고, "遜"도 마찬가지로 "겸손하다"라는 의미이다. 국어사전에 보면 겸손은 '남을 존중하고 자기를 내세우지 않는 태도가 있는 것. 또는, 그 태도'(금성출판사, 1998), 또는 '남을 높이고 자기를 낮춤'(민중서림, 1993)이라는 말로 설명하고 있다. 이와 비슷한 말로, 겸양(謙讓)이라는 것도 기술하고 있는데, 이는 '자기를 내세우거나 자랑하지 않고 겸손한 태도로 사양하는 것'(민중서림, 1993)으로 정의를 내리고 있다. 겸손과 겸양의 의미는 언어적으로는 구분이 될 수 있을지라도, 일상생활에서 일반 사람들의 겸손에 대한 표상개념에서는 이러한 겸손과 겸양의 의미가 혼용되어 사용된다고 할 수 있다.

한편, 이규태(1993)는 옛날 문헌의 자료를 인용하여, 겸손한 언행에 대해 기술하고 있는데, 그는 '겸하다'는 것을 곧 자신의 의견이나 욕구나 재산이나 지식이나 직위나 영예 같은 것을 남 앞에 드러내지 말고 또 그것들로써 자신의 직책에서 불로소득을 취하지 않는 것 또는 그것들로서 오만하지 말라는 덕목으로 보고 있다. 그는 남이나 공동체를 우선시킨, 자신을 극소화시키는 덕목이 곧 겸이라고 하였다. 이것은 위의 겸손에 더 적당한 표현이라고 여겨진다. 즉, 남에게 드러낼 만한 것에 대해, 자신을 드러내기보다는 타인이나 남을 우선시하고, 자신을 낮추는 것이라는 점에서 겸양보다는 겸손에 더 가깝다고 할 수 있다. 그리고 그는 겸의 반대말을 만심(慢心)이라고 하고 이것은 손해를 부르게 되며, 반면, 겸손은 이익을 가져온다고 하였다.

이규태(1993)는 또한 전통적인 의미로서의 겸의 유형을 분류해 놓았는데, 첫째, 자신의 객관적 지위를 파악하여 그 지위에 대한 오만과 자만과 허세적 요소를 절하하는 행위이며, 둘째, 자신의 공적이나 명예에 대해 과장하는 것은 겸의 덕목에 크게 저촉되는 것이며, 셋째, 자화자찬으로 이루어지는 자기 정립은 남이 알아줌으로써 이루어지는 자기 정립에 비해 그 기반이 허약하다. 넷째, 겸의 반대는 오만이다. 오만은 자신의 사회적 지위에 붙어 있는 특권의 과시다. 그 특권을 부정하고 그것을 이용하지 않는 것이 겸이라고 보았다. 겸은 원대하게 자신을 위하는 길이요, 만은 눈앞의 자신을 위하는 길이라고 할 수 있다.

한편, 최상진(1991)은 한국인의 겸손은 자신의 체면을 낮추어 결과적으로 상대의 체면을 높여주는 행동과 상징 과정을 말한다고 하였다. 겸손은 서양의 예의(politeness)와는 다르다. 예의는 상호작용 상황에서의 에티켓, 상황 및 의사소통 상황맥락에서의 상대 안면 존중에 관계되나, 겸손은 단순히 상호작용의 차원을 넘어, 상대와 자신과의 지위관계를 그 저변에 깔고 있다. 이러한 점에서 겸손은 상대 체면 존중 및 예의성과 밀접히 관련되며, 의례성의 요소인 예의성을 함유한다고 볼 수 있다(유승엽, 1995; 이영주, 1989; 최상진, 1991).

예의(politeness)는 사회적 상호작용에서 서로의 안면(face)을 일관성 있게 유지시켜주는 언어적 / 비언어적 체계이다(Brown & Levinson, 1987). 둘 사이의 의사소통이 원활하게 이루어지기 위해서는 서로간의 예의가 지켜져야 한다. 대화에서 지켜야 할 예의는 자신을 대화할 만한 사람으로 인식시키는 행위를 보이는 것이다. 여기에서 반드시 필요한 것이 예의이다(Leech, 1983). 예의는 두 가지 형태를 지니고 있다. 즉 의지적(volitional)인 유형과 구별적(discernment)인 유형이다. 모든 언어는 이 두 가지 형태의 예의를 모두 포함하고 있다(Hill, Ide, Ikuta & Ogino, 1986; Ide, 1987). 의지적 예의는 상대방의 안면에 대한 위협은 최소화하고 줄이기 위한 언어적 전략을 말하며, 구별적 예의는 서로의 안면을 유지하기 위해서 의사소통하는 사람이 화자와의 관계에 따라 자신의 언어수준(speech level)을 조정하는 것을 말한다. 이러한 구분에 따르면, 예절(etiquette)은 예의 중에서도

구별적 예의에 가깝다고 하겠다. 즉, 예절은 상황에 따라 규정된 정형
화된 행동양식으로써 상대방의 권리를 인정하고 침해하지 않기 위한
소극적 사회규범이라고 할 수 있다(한규석, 1995).

이러한 언어적인 측면에서의 겸손과 다른 유사개념을 살펴보면,
겸손언행은 상대의 체면을 높여주기 위해 하는 예의적인 측면이 있
으며, 자신을 낮춤으로써 상대로부터의 호의적인 평가를 받게 해주
는 원활한 대인간 상호작용의 측면도 있음을 알 수 있다. 우리 사회
에서는 겸손언행이 바람직한 행동으로 평가받고, 또 그러한 행동을
하는 사람을 좋아하고, '된' 사람으로 평가받는다. 따라서 겸손한 행
동은 우리의 문화적 행동이라고 할 수 있다.

2) 겸손의 형식성

문화적인 행동은 어떠한 관행과 형식성을 갖추고 있다. 이 관행과
형식성은 습관적인 것이며, 이것은 의례적인 행위와 연결이 된다. 즉
의례적 행위는 형식성, 의식, 예식성, 의례적, 전형적인 의미가 포함
된 것이다. Bruner(1990)는 cannonicality(당연시하는 형식, 당연성,
당연시성)라는 말로 이러한 문화적인 형식성을 설명하고 있다. 따라
서 겸손이라는 문화적 행동에는 행위가 뜻하는 의미와 상징이 있다.
적어도 한 문화권의 사람들에게 공유되는 어떤 현상이 있으려면 어
느 정도의 정형성을 갖추고 있어야 한다. 이러기 위해서는 의미가
공유되어진 것이어야 한다.

정형성은 일정한 정해진 형태로 존재한다. 특히 문화적 정형성 뒤
에 그것의 의미가 있다. 이 의미 속에는 규범적, 정서적 상태가 다
포함되어 있으며, 어떤 문화적 행위의 이유를 아는 것, 즉 문화구성
원이 그것을 해석하는 방식, 그것이 나타내는 상징을 알아보는 것은

의미 있는 일이라고 할 수 있다. 따라서 겸손을 표현하고 있는 방식, 함축하는 방식, 행위방식을 찾고 결국 행위의 정형성을 찾는 것은 문화구성원들의 심리체계를 이해하는 의미 있는 방식이라고 할 수 있다.

3) 겸손의 사회적 의미

겸손행위의 사회적 의미는 실제 작동하고 기능하는 속에서 찾을 수 있다. 습관적인 것은 마음이 실리지 않은 것이다. 겸손언행을 통해 표현되는 의사소통하는 행위양식 이면의 공식화된 행위양식이 있다. 겸손언행 양식이 단순히 겸손하게 행동한다는 것만으로는 겸손하다고는 생각하지 않는다. 즉, 행위를 하되, 그것은 행위의 개념에 적합한 마음이 있어야 하고, 따라서 개인의 의도성이 내포되어 있어야 한다.

겸손은 윗사람이나 상사에게 할 때는 '나는 당신의 명령을 따른다'는 복종의식이라고 할 수 있다. 상대가 믿어야 일어나는 것이다. 겸손은 기능적으로 의미적으로 암묵적으로 어떠한 미묘한(nuance) 의미로 전달되는가는 행위자 스스로는 의식하지 못하는 것이다. 그러나 기능적으로 작동하는 측면이 있다. '나는 당신의 밑이다', '나는 당신의 수족이다', '당신을 따라한다', '당신에게 복종한다', '당신을 존경한다'는 것을 전제로 하고 있다. 이것을 경험하는 상대는 기분이 좋게 된다. 따라서 겸손언행은 사회적 관계에서 지켜야 할 일종의 행위양식임을 알 수 있다. 공식화된 행위양식에 마음을 실어주는 것에는 미묘한 마음(subtle mind)이 적재되어야 한다. 즉, 형식성에 미묘한 부언어적인 행위가 함께 제시됨으로써, 그 행위를 바라보는 사람이 그 행위자의 행동에 대해 더 마음이 실린 행동인지를 판단하게 되는 것이다. 이때,

관계맥락과 개인의 특성이 중요한 요인이 된다.

앞에서 언급한 바와 같이, 겸손언행에는 마음에 의존하고, 상황맥락에 의존하는 형식성이 있다. 즉, 자신을 낮춤으로써 상대를 높이는 것이다. 기능적인 측면에서는 체면과 같다. 체면을 세워주기 위한 당사자의 행위양식이 겸손이라고 할 수 있다(최상진, 1991). 잘난 척하지 않고, 그 사람을 높여주는 것, 그 사람이 잘난 사람임을 증명해 보이는 것, 자신을 낮춤으로써 상대·남을 높이는 것은 우리 사회에서는 지배-피통제, 통제-종속의 관계이다.

4) 겸손의 의도성

겸손언행을 그 의도성에 따라 구분을 해보면, '당신은 대단한 사람이다'라는 사실을 나타내는 것과, 칭찬의 의도성을 갖고 하는 겸손언행이 있을 수 있다. 후자의 경우에는 그 겸손언행은 삭감이 되고, 아첨의 의미를 지닐 수 있다. 상대에게 체면 세워주는 의도를 갖고 행하는 행동은 의도성이 읽히는 경우가 있고 읽혀지지 않는 경우가 있다. 겸손언행은 상대방의 체면을 세워주는 행동, 의심받지 않고 하는 행동이 진짜 겸손한 행동이라고 할 수 있다. 결국 겸손언행은 상대의 체면을 세워주는 기능적 측면이 있다고 할 수 있다.

내가 어떤 사람 앞에서 겸손하다, 내가 여러 사람 앞에서 혹은 누구 앞에서 겸손하다는 것, 즉 겸손하게 행동하는 것은 상대보다 못하다, 부족하다는 것을 마음속으로 느끼며, 당연한 것으로 받아들이고 있는 것을 밖으로 드러내는 것이다. 그러한 마음 경험과 자세를 밖으로 드러내는 것, 그러면 이것을 본 사람은 만족감이 오게 되고, 따라서 그 행동을 한 행위자에 대해 잘났다거나 훌륭하다고 평가를 하게 되고, 결국은 스스로가 기분이 좋게 되고, 그 사람에 대해 잘 해줘야겠구나라고 생각하고 행동하게 된다. 행위자가 겸손행동을 함으로써 수용자에게 만족을 주게 되고, 행위자가 자신을 못하다고 생각하기 때문에 역으로 수용자가 행위자에 대한 통제력이 생기게끔 한다. 이러한 수용자의 행위자에 대한 암묵적인 통제력의 의미가 없으면 건방진 겸손이 될 수 있다. 건방진 겸손이라는 것은 행위는 하되 마음이 실리지 않는 행동이라고 할 수 있다. 따라서 겸손한 행동은 상대방으로 하여금, 잘난 것으로 평가가 되어야 겸손의 기능이 작동하게 된다. 겸손언행은 상대에게 권능감(sence of empowerment)을 실어 주는 것이다.

겸손언행은 계속적인 인간관계를 맺는 관계인가, 아닌가에 따라 작동되는 양식이 다를 수 있다. 친밀한 관계에서는 오히려 겸손한 언행을 하지 않으며, 친밀하지 않은 관계일 경우에도 겸손하게 행동하지 않는다. 겸손한 언행은 중간거리의 관계에서 일어나는 행위이다. 즉 겸손언행은 우리관계가 아닌 남남관계일 경우, 미래에 관계성을 가질 것으로 기대되는 상황에서 일어나는 현상이다. 그러면 왜 이러한 관계에서 겸손행동을 하게 되는 것일까. 그것은 겸손언행을 행함으로써 장차 상호간의 관계 유지나 관계 형성에 도구적인 가치를 가질 수 있기 때문이다.

이러한 겸손언행은 사회·문화적으로 배우는 것이다. 특히 동양 문화권에서는 더욱 그러하다. 겸손이나 겸손한 언행이 어떤 성격을 지닌 것이며, 그것이 갖는 사회심리적 속성을 알아보기 위해서는 그것이 어떤 상황에서 활성화되고, 작동되는가를 살펴보는 일이 필요하다.

2. 겸손언행의 사회·심리학적 개념화

겸손행동은 사회적인 규범행동이다. 따라서 겸손행동을 하지 않는다고 법의 심판을 받거나, 제지를 받는 것은 아니다. 그럼에도 불구하고, 우리는 어떠한 상황에서는 당연히 그래야만 하는 겸손에 대한 사회 인지적 행위양식에 대한 틀을 가지고 있다. 이것은 사회적인 당연성이 내포되어 있는 행동이며, 사회의 가치의 개인적 가치로의 내면화가 포함되어 있다고 할 수 있다. 이점에 있어서 겸손행동은 의례적 성격이 내포된 행동이라고 할 수 있다. 의례성을 당면한 사회적 상황에서 자신의 위치와 역할을 고려해서 상대방과의 상호작용 속에서 행해지는 현상이라고 할 때(유승엽, 1994; 최상진, 최연희, 1989), 의례성을 표현하기 위한 행동방식이 바로 겸손한 언행이라고 할 수 있다.

그리고 겸손한 언행이라는 것은 혼자서 이루어지는 행위가 아니라, 상대자 즉 행위 수용자가 있을 때 나타나는 행위이다. 따라서 겸손언행을 할 때는 행위 수용자의 입장과 심적인 상태를 배려한 행위 당사자의 마음배려가 숨겨져 있는 행위라고 할 수 있다.

역으로, 대인간의 상호작용 속에서 일어나는 겸손한 언행은 그 행위를 하는 행위자가 그 행동을 수용하는 행위 수용자로부터의 평가를 받는 다는 것을 내포하고 있다. 따라서 겸손 행위자는 상대로부터 호의적으로 평가를 받고자 하는 마음을 염두에 두고 하는 행위일 수 있다. 따라서 위의 상황을 고려하여 겸손한 언행을 다음과 같이 정의해 보았다.

1) 겸손해야 할 만한 자랑거리가 있는 상황이나, 또는 겸손할 만한 거리가 없는 상황에서

2) 행위자가 자신에 대한 겸손언행 수용자로부터의 호의적인 평가를 염두에 두거나, 겸손언행 수용자의 심리적인 욕구나 기대를 충족시키려는 의도를 가지고, 또한 행위자와 수용자 간의 원만한 대인관계를 유지하고자 하는 의도와 동기를 가지고

3) 그 행위의 결과를 자신에게 돌리기보다는, 주변의 다른 사람들에게로 돌림으로써

4) 겸손언행 행위자 자신을 개인적으로 호의적으로 평가받고 사회적으로 바람직하다고 평가받게 되는 행동이나 그러한 사회·심리적 마음상태를 의미한다.

위의 정의는 겸손행동 당사자가 자신의 행동을 표현하는 방식에서 발생할 수 있는 여러 가지 상황적 조건들을 제시하고 있다. 따라서 행위자는 상황이 어떠한 상황인지, 또 행위 수용자가 윗사람인지, 아랫사람인지에 따라 행위를 하는 의도나 마음이 다를 수 있다고 할 수 있다.

Ⅳ. 연구목적

　일상생활에서의 보편적인 언행은 심리－사회적인 현상이라고 할
수 있다. 따라서 삶의 맥락 속에서, 그리고 역사·문화적인 측면에서
이를 살펴보고, 그것의 사상이나 의미를 파악해 보는 것은 한 문화
와 그 문화에서 살아가는 사람들의 행위방식과 마음의 작동방식을
알게 해준다는 것에서 의미가 있다고 하겠다.

　우리의 사회규범적인 행위인 겸손언행은 일반인의 마음속에 농축
된 현상이라고 할 수 있다. 따라서 이것이 어떤 종류의 행위이며, 어
떠한 경험 속에서 형성되었고, 어떤 과정 속에서 발생하며, 어떤 의미
를 가지는가, 그리고 겸손언행의 사회적 가치를 평가해보는 것은 일
반인의 심리에 농축된 심리현상을 이해하게 되는 것이라 하겠다.

　사회적으로 가치 있는 행동은 그것이 바람직한 행동으로 평가를
받는다. 그러므로 우리는 때로 개인의 욕구나 속마음을 숨기고 사회
적 상황에서 요구하는 기준으로 행동하는 경향이 있다. 빈번하게 일
어나는 행동과, 그것의 사회·문화적인 의미에서 중요한 행동은 사
회적 요구에 따라 의심의 여지없이 자연스럽게 행동한다. 따라서 겸
손언행에 대해, 겸손한 언행을 행할 때, 자신의 마음속의 생각하는
바를 그대로 행동으로 보였는지, 아닌지를 알아내는 것은 일반인의
심리와 마음의 구조를 알아내는 데 있어 가치가 있는 것이다. 따라
서 겸손한 상황에서 행위자가 마음을 실어서 겸손언행을 표현한 것
인지, 아닌지를 알아봄으로써, 일반인의 겸손행동에 대한 마음관을

알아보고자 하였다.

일차적으로 일반 사람들의 겸손에 대한 생각을 알아보았다. 즉, 겸손행동이 일반인의 심리에 있는 개념인지, 있다면 어떠한 상태로 존재하는지를 알아보기 위해 겸손행위에 대한 표상연구를 하였다. 이것은 질적인 연구로서, 겸손행위가 어떤 행동인지, 겸손한 사람은 어떤 사람인지 그리고 겸손하지 않은 행동은 어떤 행동인지, 겸손하지 않은 사람은 어떤 사람인지 등에 대한 것을 알아보았다.

2차 예비연구로는 겸손한 언행이 표현되는 상황과 겸손한 언행이 어떤 관계에서 발생하는지를 질적 연구를 통해 알아보았다. 여기에서는 겸손한 상황과, 겸손한 관계, 그리고 겸손행동을 할 때의 신체적인 몸짓이나 표정, 그리고 마음이 우러나는 겸손한 언행은 어떠한 것인지에 대해 질문하였다. 1·2차 예비연구에서 얻어진 자료를 본 연구의 자료로 이용하였다.

본 연구는 겸손언행을 겸양편향으로 보는 입장이 있는데, 이것에 대해 사회·문화적인 규범가치에 따르는 행동이라고 본 연구자는 판단하여, 겸손언행의 내용은 문화적 맥락에서의 이기적 편향임을 확인하고자 하였다. 이것은 실험연구로서 겸손행위가 일어나는 사회적인 상황 시나리오를 제시하고 그 상황에서 겸손 행위자에 대한 평가를 하는 것으로 구성되었다. 겸손행위를 하는 사람에 대한 사회적 바람직성에서의 평가와, 개인의 인격성숙에 대한 평가, 내집단구성원으로서 끼워주고 싶은지, 그리고 그러한 겸손언행이 솔직하게 자신의 마음을 표현했다고 생각하는지에 대해 질문해 봄으로써, 겸손언행의 개인적 차원에서의 평가와 사회적 차원에서의 평가, 그리고 겸손언행의 내용 측면에서의 이기적 편향에 알아보고자 하였다.

따라서 본 연구에서는 1차, 2차 예비연구와 본 연구를 통해 우리 사회에서의 겸손언행의 사회·문화적 기능에 대해 확인해보고자 하였다.

V. 연구문제

　다양한 사회적 사건의 결과에 대해 사람들은 다양한 방식으로 그 사건의 이유를 설명한다. 사람들은 성공하거나 실패한 상황에서, 그 사건의 원인에 대해 다양한 방식으로 귀인을 하게 되는 데, 우리 사회에서의 귀인방식은 겸손한 언행으로 표현하는 경우가 많다. 따라서 본 연구에서는 실제로 이런 겸손한 언행으로 자신의 행동을 귀인하는 것에 대해, 다른 사람들은 어떻게 평가되고 있는지를 알아보고 그것의 사회적 기능을 분석해 보았다. 즉 성공을 외적인 원인으로 귀인하는 것은 겸손한 언행으로 평가받을 것이며, 실패를 내적인 원인으로 귀인하는 것도 마찬가지로 겸손한 언행으로 평가받을 것이다. 그리고 이러한 언행들은 사회적으로 겸손언행 하는 개인에 대한 평가에도 긍정적인 방향으로 영향을 미칠 것이다. 그러면 다른 사람들은 이러한 겸손한 언행에 대해 실제로 얼마나 솔직하게 자신의 마음을 표현했다고 생각할 것인가에 대해 알아보고, 만약 솔직하게 행동한 것이 아니라면, 그 이유가 무엇인지를 알아보았다.

Ⅰ. 성공을 외적으로 귀인하는 것에 대한 평가
연구문제 1. 성공을 외적요인으로 귀인하는 것이 겸손하게 평가될 것인가?
연구문제 2. 성공을 외적요인으로 귀인하는 것이 행위자에 대한 개인적 차원에서 호의적인 평가를 할 것인가?

연구문제 3. 성공을 외적요인으로 귀인하는 것이 행위자에 대한 사회적 차원에서 호의적인 평가를 할 것인가?

Ⅱ. 실패를 내적으로 귀인하는 것에 대한 평가

연구문제 4. 실패를 내적으로 귀인하는 것이 겸손하게 평가될 것인가?

연구문제 5. 실패를 내적으로 귀인하는 것이 행위자에 대한 개인적 차원에서 호의적인 평가를 할 것인가?

연구문제 6. 실패를 내적으로 귀인하는 것이 행위자에 대한 사회적 차원에서 호의적인 평가를 할 것인가?

Ⅲ. 집단수행 결과에 대한 평가

연구문제 7. 성공적인 집단수행의 결과를 집단성원의 노력으로 귀인하는 것이 겸손하게 평가될 것인가?

연구문제 8. 실패한 집단수행의 결과를 행위자의 능력으로 귀인하는 것이 겸손하게 평가될 것인가?

Ⅳ. 우리·남 집단에 따른 평가 차이

연구문제 9. 우리 집단의 성공한 결과를 집단성원의 노력으로 귀인하는 것에 대해 남 집단보다 호의적으로 평가할 것인가?

연구문제 10. 우리 집단의 실패한 결과를 행위자의 특성으로 귀인하는 것에 대해 남 집단보다 호의적으로 평가할 것인가?

Ⅵ. 연구방법

본 연구는 두 차례에 걸친 예비연구와 본 연구로 진행되었다. 연구의 기간은 2000년 8월부터 2001년 2월까지 이루어졌다. 예비연구는 질적 연구로 수행되었으며, 본 연구는 실험연구로 구성되었다. 예비연구 1에서는 겸손에 대한 사회적 표상 차원에서의 사회적 의미를 알아보고자 하였다. 예비연구 2에서는 겸손한 언행이 사회적 의미를 갖기 위해서는 마음이 우러남이 중요하다는 전제하에 마음에서 우러나오는 언행에 대한 사회적 표상을 알아보았다. 본 연구에서는 겸손의 사회·문화적인 의미를 중심으로 그것의 기능과 내적인 동기에 대해 알아보았다.

1. 예비연구 1

우리 사회에서는 다양한 방식으로 겸손한 언행을 한다. 어떤 것에 대해 칭찬을 받았거나, 상을 받거나, 경기에서 승리하였거나 모두 그 행동의 결과를 자신의 은공으로 돌리기보다는 다른 사람의 덕분으로 노고를 돌린다. 그리고 이러한 겸손행동은 사회적으로 바람직한 것으로 평가되고, 어느 정도의 사회적 당위성을 가지고 있다. 그러므로 이러한 사회적으로 정형화된 행동에 대한 관심은 인간의 행동과 마음에 대한 주제에서 이러한 행동에 대해 관심을 갖는 것은 당연하다고 하겠다.

따라서 1차적으로 다양한 상황에서 행해지고 있는 겸손언행에 대해 사회적 표상 차원에서 알아봄으로써, 일반 사람들은 겸손한 언행을 어떠한 의미로 받아들여지고 있는지를 알아보았다. 어떠한 행동에 대해 겸손한 행동이라고 생각하는지, 그리고 겸손한 언행을 하는 사람에 대해 어떻게 생각하는지를 알아봄으로써, 우리 사회에서 다양한 상황에서 일어나는 겸손언행의 성격을 알아보고자 하였다. 아울러 겸손하지 못한 행동은 어떠한 행동인지, 그리고 겸손하지 못한 행동은 어떻게 평가받고 있는지도 알아보았다.

● 방 법

대학생 86명을 대상으로 개방형 질문지(open-ended question-naires)를 사용하여 자료를 모았다. 피험자들은 경기도에 소재한 대학교의 심리학 개론을 수강하는 학생이었으며, 남학생이 39명, 여학생이 47명이었다.

질문의 내용은 크게 두 부분으로, 첫 번째 부분은 주위에 겸손한 사람이나 혹은 겸손한 행동을 본 일이 있다면 그것이 무엇이었는지를 생각하면서 응답하는 것이었고, 두 번째 부분은 주위에 겸손하지 않은 사람이나 행동을 본 일이 있다면 무엇이었는지를 생각하면서 응답하는 것이었다. 각 부분에 대해 살펴보면, 1) 겸손한 사람은 어떤 사람(성격, 태도 등)인지, 2) 겸손한 행동은 어떤 행동인지, 3) 겸손한 행동을 하는 이유, 4) 사람들의 겸손한 언행을 대할 때, 당신의 느낌, 5) 겸손함으로써 얻어질 수 있는 이점 등에 대해 질문하였고, 겸손하지 않은 사람과 상황에 대해 동일한 유형의 질문을 하였다.

자료 분석의 신뢰성을 높이기 위해서(Greenfield, 1997; Potter & Levine-Donnerstein, 1999), 1차로 세 명의 대학원생이 각각 질문지 내

용을 분석한 후, 각 분석한 자료를 비교하였고 그 자료를 토대로 개별적으로 1차 최종분류를 하였다. 이것을 바탕으로 하여, 세 명의 분석 결과에 대한 종합 토의를 거친 후 최종 항목을 범주화하였다.

● 결　과

1. 겸손한 사람과 겸손하지 않은 사람의 특성

개방형 질문지의 자료를 내용분석 한 결과를 살펴보면, 겸손한 사람은 어떤 사람(성격, 태도 등)인지를 묻는 질문에 대해, 겸손한 사람은 타인을 배려한다는 응답이 가장 많이 나왔으며, 그 다음으로 자신의 장점을 드러내지 않으며, 인격적으로 성숙되었으며, 타인 앞에서 자신을 낮추며, 내성적인 성격을 가진 사람으로 나타났다. 그리고 기타 소수 응답으로 남과 잘 어울린다, 처세술에 능하다, 예의가 바르다, 착하다, 자기 행동에 자신감이 없는 사람이다 등으로 나타났다.

따라서 크게 항목별로 구분해보면, 자신의 잘난 점이나 뛰어난 점을 드러내지 않는 것과 자신을 다른 사람들 앞에서 낮추는 항목을 묶어서 드러냄 차원으로 명명하였다. 그리고 대인관계에서 다른 사람들의 입장과 감정을 고려해서 행동하고 다른 사람을 잘 이해해주고, 또한 타인과 잘 어울린다는 차원이 대인관계와 관련이 있는 것으로 보아 대인관계 차원으로 구분할 수 있었고, 또 하나는 성격적인 차원인데, 인격적으로 성숙된 사람이며, 이러한 사람들은 내성적인 성격의 사람들이 많으며, 착하다고 보는 경우가 많아 이것들은 개인의 성향 차원으로 명명하였다. 이는 사회적인 규범과 가치가 개인의 성격적인 부분으로까지 영향을 미쳐서, 개인의 가치관과 성격 발달에 이른 것으로 볼 수 있었다.

표 1-1. 겸손한 사람의 특성에 대한 응답범주 및 반응 수(백분율)

응답범주 및 유형	반응 수
1. 드러냄 차원	**33(38.4%)**
1) 장점 드러내지 않는다	20(23.3%)
2) 자기를 낮춘다	13(15.1%)
2. 대인관계 차원	**27(31.4%)**
1) 타인을 배려한다.	23(26.7%)
2) 타인을 이해한다	2(2.3%)
3) 남과 잘 어울린다	2(2.3%)
3. 개인성향 차원	**21(24.4%)**
1) 인격적으로 성숙하다	10(11.6%)
2) 내성적인 성격이다	10(11.6%)
3) 착하다	1(1.2%)
4. 기타 소수 응답	**5(5.8%)**
1) 예의가 바르다	2(2.3%)
2) 처세술에 능하다	2(2.3%)
3) 기타	1(1.2%)
총 계	86(100%)

표 1-2. 겸손하지 않은 사람의 특성에 대한 응답범주 및 반응 수
(백분율)

응답범주 및 유형	반응 수
1. 자신 드러냄	**45(52.3%)**
1) 체, 척	29(33.7%)
2) 과시 과장	16(18.6%)
2. 대인관계 차원	**29(33.7%)**
1) 자기중심적임	26(30.2%)
2) 타인 무시함	2(2.3%)
3) 타인 배려 안 함	1(1.2%)
3. 기타 소수 응답	**12(14.0%)**
총 계	86(100%)

반면 겸손하지 않은 사람은 어떤 사람인지에 대한 질문에 대해서는 겸손한 사람의 특징과 반대되는 특성을 지닌 사람으로 나타났다. 즉, '체', '척'을 하는 사람을 가장 겸손하지 않은 사람으로 보았으며, 타인을 배려하지 않고 자기중심적인 행동을 하며, 자신에 대해 과시, 과장하는 사람이라는 응답이 가장 많이 나왔으며, 타인을 무시하는 행동이라는 응답도 있었다. 기타 소수 응답으로는 타인을 배려하지 않거나 자신에 대해 반성하지 못하는 경우를 겸손하지 못하는 것으로 나타났다.

이 문항에서도 마찬가지로 보면 크게 '체', '척'을 하거나, 과장, 과시하는 행동이 자신의 잘난 점이나 어떠한 특성을 드러낸다고 판단이 되어 자신 드러냄 차원으로 구분을 하였고, 이 차원이 전체의 52.3%로 자신을 드러내는 것에 대해 대부분의 응답자들이 겸손하지 않은 행동이 자신을 드러내는 것으로 보았음을 알 수 있었다. 자기중심적인 사람이거나, 타인을 무시하거나, 배려하지 않는 속성들은 대인관계와 관련이 있다고 판단이 되어 대인관계 차원으로 명명하였다. 이 차원도 전체 33.6%나 되어 자신을 드러내는 항목과, 대인관계 차원의 항목 두 가지로 겸손하지 않은 사람의 속성을 특징지을 수 있었다.

2. 겸손한 행동과 겸손하지 않은 행동

두 번째 겸손한 행동은 어떤 행동인지를 묻는 질문에는 자신을 낮추고(23.4%), 타인을 배려하는 행동(17.4%), 그러면서 타인을 높이는 것(15.1%)을 겸손한 행동으로 보는 응답이 가장 많았다. 그 다음으로는 자신의 잘난 점을 드러내지 않고 잘난 체나 잘난 척을 하지 않는 행동을 겸손한 행동으로 보았다. 또한 칭찬에 미안해하는 행동도 겸손한 행동 중의 하나라고 보았다. 소수의 응답으로는 자신의 일에 최선을 다하는 사람, 상황판단이 빠른 사람 등의 응답도 나타

나 겸손한 행동이 겸손함 그 자체에 대한 것뿐 아니라 그 외의 다른
속성으로 확대되어 사람을 평가는 측면을 나타냈다.

　여기서도, 자신을 드러내는 차원과, 대인관계와 관련된 차원, 그리
고 개인의 성향적 측면의 차원으로 구분해 보았다. 즉, 자신을 낮추
거나 드러내지 않거나 잘난 체, 잘난 척하는 행동이 자신을 드러내
는 차원으로 묶을 수 있다고 여겨져서 드러냄 차원으로 명명하였다.
이것은 전체 50.0%를 차지하여 겸손한 행동의 상당 부분을 설명해
주었다. 그리고 타인을 배려하거나 타인을 높여주는 행동은 대인관
계에서 요구되는 것이라고 보아 대인관계 차원으로 명명하였다. 또
한 칭찬에 미안해하거나 책임감 있는 사람의 속성을 개인의 성향과
관련이 있다고 보아, 개인의 성향 차원이라고 명명하였다. 겸손한 행
동은 위의 경우와 마찬가지로 개인의 가치관이나 성향으로 내면화되
어 어느 정도는 개인의 성격 형성에 영향을 주는 것으로 나타났다.
이것은 위의 겸손한 사람은 어떤 사람인가에 대한 응답과 아주 유사
하게 나타났다.

표 1-3. 겸손한 행동에 대한 응답범주 및 반응 수(백분율)

응답범주 및 유형	반응 수
1. 드러냄 차원	43(50.0%)
1) 자신을 낮춘다	20(23.3%)
2) 드러내지 않는다	14(16.3%)
3) 잘난 체, 척하지 않음	9(10.5%)
2. 대인관계 차원	28(32.6%)
1) 타인 배려 행동	15(17.4%)
2) 타인 높이는 행동	13(15.1%)
3. 개인성향 차원	11(12.8%)
1) 칭찬에 미안해 함	8(9.3%)
2) 책임감 있는 사람	3(3.5%)
4. 기타	4(4.7%)
총 계	86(100%)

  겸손하지 않은 행동을 묻는 질문에 대해서는 과장, 과시하는 행동이 응답이 가장 많아서(41.9%), 이러한 행동을 가장 겸손하지 않은 행동으로 보았으며, 거만한 태도(16.3%), 타인을 무시하거나(12.8%), 타인을 배려하지 않는 행동(7.0%)에 대한 응답이 그 다음으로 많았다. 그리고 '체', '척'을 떠는 행동, 없는데 떠벌리는 행동을 겸손하지 못한 것으로 보았으며, 예의가 없는 것도 겸손하지 못한 행동으로 응답하였다.

  자신에 대해 과장, 과시를 하거나, '체', '척'을 하는 행동, 없는데 떠벌리거나, 겸손한 척하는 경우가 모두 자신을 드러내는 것과 관련이 되는 것으로 보아 이것을 드러냄 항목으로 명명하였다. 이 드러냄 항목은 전체 60.5%를 차지하여, 겸손하지 않은 행동은 자신을 드러내는 것임을 상당 부분 설명해 준다고 할 수 있었다. 자신에 대한 과장은 자신이 뭔가 자랑할 만한 것이 있는 경우 그것을 과장이나 과시해서 표현한다는 것으로 보아, 자신이 가지지 못한 것에 대해 있는 '체'하거나 있는 '척'하는 것과는 다른 유형으로 간주하였다. 그리고 없는데 떠벌리는 것은 있는 체하거나 있는 척하는 것과는 또 다른 유형으로 보이고 또 그에 관한 응답이 많아 따로 구분을 지었다. 그리고 있는 체, 있는 척과 겸손하지 않는데 겸손한 척하는 것도 다른 종류의 특징을 갖는다고 보아 따로 구분하여 항목화시켰다.

표 1-4. 겸손하지 않은 행동에 대한 반응범주 및 반응 수(백분율)

응답범주 및 유형	반응 수
1. 드러냄	**52(60.5%)**
1) 과장, 과시	36(41.9%)
2) 체, 척	7(8.1%)
3) 없는데 떠벌리는 것	6(7.0%)
4) 겸손한 척	3(3.5%)
2. 대인관계	**17(19.8%)**
1) 타인 무시함	11(12.8%)
2) 타인 배려 않음	6(7.0%)
3. 개인성향 차원	**16(18.6%)**
1) 거만한 태도	14(16.3%)
2) 예의 부재	2(2.3%)
4. 기타 소수 응답	**1(1.2%)**
1) 기초질서 안 지킴	1(1.2%)
총 계	86(100%)

타인을 무시하거나 타인을 배려하지 않는 행동을 비슷한 대인관계
와 관련이 있는 것으로 보아 대인관계 차원으로 명명하였다. 이것은
전체 19.8%를 차지하였다. 그리고 거만한 태도와 예의 부재를 개인
의 성향 차원으로 범주화시켜 보았다. 예의가 없다는 것도 개인의
태도와 관련이 있다고 간주되어 개인적인 성향으로 분류하였다. 대
인관계 차원과 개인의 성향 차원(18.6%)은 전체적으로 비슷한 비율
을 차지하였다.

기타 소수 응답으로는 기초질서를 안 지키는 행동이나 사회에서
요구하는 가치기준에 맞추기 위해 자신의 행동에 대해 솔직하지 못
하고 겸손한 척하는 행동도 겸손치 못한 것으로 보았다. 이것도 마
찬가지로 겸손하지 못한 사람에 대한 응답과 유사한 답변을 보였다.

3. 겸손한 언행과 겸손하지 않은 언행을 하는 이유

사람들이 겸손한 언행을 하는 이유에 대해서는 사회적 평판(-19, 22.1%) 때문이라는 응답이 가장 많았으며, 유연한 대인관계(18, 20.9%), 사회적 관습(16, 18.6%), 본성이 착해서(13, 15.1%)와 관련된 응답이 비슷한 비율로 가장 많이 나왔다. 그 외 타인에 대한 배려(7, 8.1%)와 남들 시선 때문에(7, 8.1%), 그리고 자신에 대한 양심때문에 겸손한 행동을 한다(5, 5.8%)는 응답이 비슷하게 나왔다. 기타 소수 응답으로는 스스로 두드러진 행동을 하지 않으려고 겸손한행동을 한다는 의견도 있었다.

유연한 대인관계와 사회적 관습 그리고 타인 배려를 비슷한 속성으로 간주하여 대인관계 차원으로 항목화하였다. 사회적 관습은 대인관계에서의 예의나 의례적인 속성에 대한 명명이었기 때문에 대인관계 항목으로 분류하였다. 그리고 사회적 평판이나 남들 시선 때문에 겸손하게 행동한다는 것을 사회적인 눈치항목으로 분류하였다. 사회적 평판은 다른 사람들로부터의 평가의 의미가 포함되어 있어서, 남들이 단순히 어떻게 볼지와 관련되는 시선과는 다른 의미라고 판단되어 다른 종류로 구분하여 목록화시켰다. 위의 대인관계 차원과 사회적 눈치 차원, 이 두 항목이 대부분의 겸손한 행동을 하는 이유의 상당 부분을 설명해 주었다. 그리고 본성이 착하거나, 자신에 대한 양심은 개인의 성향 차원으로 간주하여 개인성향 차원이라는 항목으로 분류하였다.

이상에서 보는 바와 같이 사회적인 눈치를 보거나 유연한 대인관계를 중요시한다는 것은 다른 사람들과의 부드러운 인간관계를 중시하는 우리 사회의 규범이나 가치에 따르려는 강한 특성 때문인 것으로 보이며, 또한 본심은 아니더라도 사회적 평판이나 시선 때문에 본마음을 숨기고 사회적인 가치나, 주변의 상황에 적절한 의례적인 행동을 할 수 있음을 알 수 있다.

겸손한 언행을 하지 않는 이유에 대해, 자기 우월감(29, 33.7%) 때문이라는 응답이 가장 많았으며, 나아 보이고자(7, 8.1%) 겸손한 행동을 하지 않는다는 것을 비슷한 것으로 보아 우월감 차원으로 분류하였다(36, 41.9%). 그리고 자신이 이기적(8, 9.3%)이어서, 자기를 보호하기 위해(6, 7.0%) 겸손하게 행동하지 않는다는 응답을 이기적 차원(14, 16.3%)으로 분류하였다. 이 두 항목이 전체 58.2%를 차지하여 겸손한 행동을 하지 않는 이유의 상당 부분을 설명해 주었다. 그리고 부족한 교육(7, 8.1%)과 예의 부족 차원(2, 2.3%)을 배움이 부족한 것으로 보아 배움 부족 차원(9, 10.5%)이라고 명명하였다. 타인 배려 결여(7, 8.1%), 자기 조절 부족(4, 4.7%)의 응답이 있었으나, 별도로 항목화하기가 어려워 단일 항목으로 구분하였다. 기타 소수 응답(16, 18.6%)이 있었다. 이것은 겸손하다는 것이 사회적인 환경의 영향을 받아 후천적으로 형성되는 속성임을 말해 준다.

결과를 보면, 자신을 나아 보이게 하기 위해서나, 우월함을 표현하기 위해 겸손하지 못한 행동을 한다는 응답과 자신만을 생각한다는 자신을 보호하기 위한 이기적인 차원은 개인적인 성향의 한 부분이라고 할 수 있다. 이는 사회적으로 원활한 대인관계를 유지하는 것보다 더 영향을 많이 미치는 부분이라고 할 수 있다. 역으로 이것은 겸손행동이 타인 배려나 대인관계를 원활히 하기 위해 하는 것이라기보다는 자신의 잘난 점을 드러내지 않는 측면에 더 초점이 맞추어져서 행해지는 행동임을 알 수 있다.

또한 겸손하게 행동하는 것은 당연시되는 행동이었으나, 겸손하지 못한 것은 그 행동에만 그친 것이 아니라, 예의가 부족하고 교육을 받지 못한 것으로 평가되어 사회에서 규정하는 여러 가지 규범이나 가치를 익히는 것이 개인에 대한 평가에 얼마나 영향을 미치는가를 알 수 있었다. 이는 겸손하게 행동하는 것은 우리 사회에서 바람직한 행동 이상의 것을 의미한다고 하겠다.

4. 겸손한 언행의 이점과 겸손하지 않은 언행의 불리한 점

겸손한 언행을 함으로써 얻을 수 있는 이점에 대해서는 사회적 평판이 좋아진다(40.7%)는 응답이 우세하게 많은 응답이 나왔다. 그리고 유연한 대인관계를 형성한다는 응답과 호의적인 감정을 일으킨다는 응답이 많았다. 다음으로는 자기 발견을 할 수 있다는 응답과 소수의 기분이 좋아진다(4.7%)는 응답이 있었다.

사회적인 평판, 호의적 감정, 그리고 기분이 좋아진다는 응답이 겸손행동에 대한 호의적 평가가 포함되었다고 판단이 되어 호의적 평가로 명명하였으며, 대인관계와 관련되는 응답들은 다른 것들과 유사하다고 판단이 되지 않아 따로 하나의 항목으로 하였으며, 자기발전도 동일하게 하나의 항목으로 분류하였다. 이러한 결과는, 사회적인 규범행동인 겸손한 언행이 개인의 행동에 대한 평가에서 개인의 행동에 미치는 영향의 정도를 말해 준다고 할 수 있다. 기타 소수 응답으로는 평범한 일이라는 응답과, 기분을 좋게 하고, 마음이 편해진다는 이점이 있다는 응답이 나왔다.

겸손하지 않은 언행을 할 때의 불리한 점에 대해서는 소외된 대인관계(25.6%)와 부정적인 평판(26.7%)에서 가장 많은 응답이 나왔으며, 다음으로는 낮게 평가된다(12.8%)였으며 미움을 받는다(11.6%) 순이었다. 사회생활에 불리하다는 응답이 7개(8.1%)였으며, 예의가 없다는 순으로 응답하였다. 기타 소수 응답으로는 사회가 각박해진다, 가엽다 등이 있었다.

표 1-5. 겸손한 언행의 이점과 불리한 점에 대한 반응범주 및
　　　　반응 수(백분율)

응답범주 및 유형	이 점	불리한점
1. 평가 차원	53(61.6%)	44(51.2%)
1) 사회적 평판	35(40.7%)	
2) 부정적 평판		23(26.7%)
3) 호의적 감정	17(19.8%)	
4) 미움 받음		10(11.6%)
5) 낮게 평가		11(12.8%)
6) 기분 좋아짐	4(4.7%)	
2. 대인관계 차원	21(24.4%)	29(33.7%)
1) 유연한 대인관계	21(24.4%)	
2) 소외된 대인관계		22(25.6%)
3) 불리한 사회생활		7(8.1%)
3. 자기 발전	8(9.3%)	
4. 예의성 차원(예의 없음)		7(8.1%)
5. 기타 소수 응답	1(1.2%)	6(7.0%)
총　계	86(100%)	86(100%)

　　부정적인 평판과 미움을 받는다 그리고 낮게 평가된다는 것이 대
인관계에서 모두 부정적인 평가와 관련이 있는 것으로 여겨져 부정
적 평가라고 명명하였으며, 소외된 대인관계와 불리한 사회생활은
모두 사회적 대인관계와 관련이 되어 대인관계 차원으로 묶었으며,
예의와 관련된 차원은 따로 하나의 차원으로 분리하였다. 따라서 사
회생활이나 대인관계에 문제가 생기고, 타인으로부터 부정적인 평가
를 받음으로써 개인의 인상평가에서도 부적인 결과를 가져 올 수 있
음을 알 수 있다.
　　겸손행동의 이점과 불리한 점을 살펴보면, 긍정적인 측면에서의
평가와 부정적인 측면에서의 평가와 대인관계에서 영향을 미치는 차

원으로 크게 유형을 구분할 수 있다. 겸손하게 행동한다는 것은 대
인관계에서 긍정적인 호의를 불러일으켜, 결국은 그 행동을 하는 사
람에 대해 긍정적인 평가를 하게 하고, 그렇지 않게 행동한다는 것
은 그 사람의 대인관계 상황이나 평가 상황에서 부적인 행동 이면의
다른 많은 부적인 평가를 받을 수 있음을 알 수 있다.

2. 예비연구 2

겸손언행이 일어나는 상황은 사회 · 문화적으로 구성되어진다는 것
에 초점을 두고, 두 번째 연구에서는 겸손한 행동을 표현하는 상황
은 어떠한 것이 있으며, 겸손언행을 어떤 몸짓이나 자세로 표현하는
지에 대해 사회적 표상 차원에서 알아보고자 하였다. 그리고 한 개
인의 내면화된 가치관과 행동은 그 사람이 성장하는 사회 · 문화적인
요인들이 영향을 받는다고 했을 때, 오늘날 집합주의적 가치관과 개
인주의적 가치관이 혼재하다는 기존의 연구(나은영, 차재호, 1999)를
참고로 하여, 성인과 청소년의 겸손 상황과 표현양식, 마음이 담긴
진심 어린 겸손언행과, 의례적인 겸손언행, 관계맥락에 따른 겸손언
행에서의 지각내용을 알아보고자 하였다.

● 방 법

겸손행위가 표현되는 구체적인 상황과 관계맥락에 따른 겸손행동
의 이유와 마음에서 우러나오는 겸손언행은 어떻게 표현되는지 그리
고 겸손행동을 표현할 때의 신체의 부언어석인 표현양식을 알아보기

위해, 고등학생 96명과 성인 76명을 대상으로 개방형 질문지를 사용하여 자료를 모았다. 고등학생 피험자들은 경기도의 ㅂ시에 위치한 고등학교 2학년에 재학 중인 학생이었으며, 남학생이 45명(46.9%), 여학생이 51명(53.1%)이었으며, 연령은 16세에서 20까지 분포되었다. 성인 피험자는 서울과 경기도에 위치한 ㄷ사와 ㅂ사의 회사원으로 구성되었다. 남성 29명(38%), 여성 47명(61.8%)으로, 연령분포는 23세에서 53세까지였다.

질문의 내용은 어떠한 상황에서 겸손한 언행을 하였는지, 구체적으로 어떻게 겸손행동을 표현하였는지, 겸손행동을 할 때의 몸짓이나 자세는 어떠하였는지, 그 겸손언행이 진심 어린 마음이었는지, 그리고 진심 어린 마음이라는 것을 어떻게 알 수 있는지, 겸손하게 행동한 이유가 관계 때문이었는지, 지위 때문이었는지, 아니면 의례적으로 한 것이었는지, 그 행동 후 두 사람 간에 어떠한 변화가 있었는지에 대해 질문하는 총 15문항으로 구성되었다.

자료 분석의 신뢰성을 높이기 위해서(Greenfield, 1997; Potter & Levine-Donnerstein, 1999), 1차 예비연구와 동일한 절차로 진행되었다. 1차로 여섯 명의 대학원 학생이 각각 독립적으로 질문지 내용을 분석을 하고 그 결과를 상호 비교한 후, 다시 각자의 자료에 대해 1차 최종분석을 하였다. 그리고 이 자료를 기초로 하여, 각각의 자료에 대한 의견 토의과정을 거쳐 내용을 종합하고, 그 결과를 종류별로 유목화하는 과정을 거쳤다.

● 결 과

겸손한 행동이 일어나는 상황과, 어떠한 관계에서 주로 겸손언행이 일어나는가, 그리고 겸손언행이 의미를 갖기 위해서는 어떻게 표현되어야 하며, 마음에서 우러나오는 겸손언행은 어떻게 표현이 되며, 어떠한 부언어적인 단서로 진심 어린 겸손행동을 판단하는가에 대해 알아보았다. 그리고 어떠한 관계에서 일어나는 겸손언행인가를 확인함으로써 관계맥락에 따른 겸손행위의 의미를 알아보았다.

1. 겸손언행이 발생하는 상황

어떠한 상황에서 겸손한 언행을 하게 되느냐는 질문에 대해 청소년들은 칭찬을 받았을 때 겸손하게 된다는 응답이 월등하게 많이 나왔다. 1등을 했을 때나, 칭찬을 받았을 때나, 자신의 능력을 칭찬하였을 때에 겸손하게 된다는 응답이 많았다. 겸손할 만한 '잘한 것'이 있을 경우, 타인이 그것을 인정하거나 알아줄 때, 자신의 잘난 점을 과신하고 인정하기보다는 자신의 성과의 원인에 대해 스스로를 낮추어 행동하게 되는 것을 겸손한 행동으로 보았다. 칭찬에 대해 겸손하게 행동한다는 응답이 많아 이것을 한 범주로 하여, 칭찬 상황으로 명명하여 보았다. 다음으로는 상을 받았을 경우에 겸손하게 행동하게 된다는 응답이 그 다음으로 많았다. 이는 청소년들이라는 피험자 특성이 작용한 것으로 보인다. 즉 청소년들에게 있어 방송매체에서 접하게 되는 방송인들의 수상상황이나, 학교에서의 학업과 관련되어 상을 받는 상황에 자주 접할 기회가 많으며 따라서 민감한 반응을 보인 것으로 사료된다. 의례적으로 겸손해야 한다고 보는 응답도 많았다. 윗사람과의 대화에서나 또는 의례적으로 행동해야 하는 상황에서는 겸손한 행동을 하게 된다고 보았다. 그리고 다른 사람에게 자리를 양보하거나 다른 사람을 도와주었을 경우 겸손하게 행동하게 된다는 응답을 묶어서 타인 배려항목으로 분류하였다. 다른 사람을 도와주었을 경우는 위의 칭찬 상황과도 관련이 되나, 이 경우에는 응답자들이 도와준 행동에 대해 칭찬한 상황에서가 아니라 단순히 상황에 대해 언급을 한 경우에 겸손한 언행을 하게 된다는 것으로 한정지어 분류하였다. 그리고 돈 받을 때라는 응답은 의례적으로 행동해야 하는 상황으로 분류할 수 있었으나, 비교적 많은 응답반응이 나타나 따로 분류하였다. 돈을 주는 상황에 대한 응답이 많이 나온 것은 자료조사를 한 시간이 명절과 근접하여 그것에 대한 응답이 많이 나온 것으로도 사료된다. 또 우리 사회에서 아이에게 돈을 주는 것에 대해 아이들에 대한 마음이라고 생각하는 경우가 많아 따로 분류하여 보았다. 그리고 마지막으로 익명의 타인에 대한 행동이나, 자신이 실례되는 행동 상황일 경우에 겸손행동을 하게 된다고 보았다.

성인들도 청소년과 마찬가지로 칭찬을 받을 때나, 능력을 인정받는 경우가 겸손한 언행을 하게 되는 상황이라는 응답이 가장 많이 나왔다. 그리고 의례적인 칭찬일 경우도 있었는데, 칭찬을 한다는 것에 초점을 두어 칭찬 상황에서도 의례적인 것으로 분류하였다. 다음으로는 윗사람과 함께 있을 경우나 의례적 상황일 경우 사회적인 규범을 지키려는 의미가 내포되어 있다고 판단되어, 사회적 당연성 예의 갖추기로 명명하였다. 그리고 자리 양보를 하거나 친하지 않은 사람에 대한 의례적인 사양, 치례적인 의미가 강한 행동 상황이나, 일반인들에 대한 친절을 베푸는 행위를 사회적인 예의항목으로 명명하였다. 소수의 응답으로는 실수했을 때 겸손한 행동을 하게 된다고 보는 응답도 있었다. 그러나 이러한 경우의 행동은 엄밀한 의미로는 겸손한 행동이라 볼 수 없다. 이것은 사회적 규범이 관련이 없는 다른 행동으로까지 과대하게 해석되어 이해되고 있다고 할 수 있다. 즉 겸손거리가 있거나 사회적인 규범에서 겸손해야 할 상황이라면 겸손해야 하겠지만, 자신이 잘못한 상황에서의 행동은 겸손이라기보다는 자신의 결함을 무마시키기 위한 행동으로 보아야 할 것이다.

표 2-1. 겸손언행 상황에 대한 청소년과 성인의 반응 수(백분율)

응답범주 및 유형	청소년	성 인
칭찬 상황	61(63.6%)	39(52.7%)
1등 또는 우승했을 때	18(18.8%)	
칭찬받을 때	10(10.4%)	17(23.0%)
능력 인정 칭찬	12(12.5%)	11(14.9%)
방송매체 칭찬	7(7.3%)	
선행 칭찬	6(6.3%)	
성적 칭찬	4(4.2%)	
칭찬(윗사람)		7(9.5%)
칭찬(의례적)		4(5.4%)
인사 칭찬	3(3.1%)	
대학입학 칭찬	1(1.0%)	
수상 상황	14(14.6%)	
상 받았을 때	9(9.4%)	
방송매체에서 상 받았을 때	5(5.2%)	
의례성 상황	9(9.3%)	21(28.4%)
의례적 상황	5(5.2%)	16(21.6%)
돈받는 상황	1(1.0%)	
윗사람과 대화	3(3.1%)	2(2.7%)
인사치레 상황		3(4.1%)
타인 배려 상황	9(9.4%)	9(12.2%)
타인 도움	3(3.1%)	
양보	6(6.3%)	5(6.8%)
친하지 않은 사이의 사양		4(5.4%)
친절성	2(2.1%)	1(1.4%)
실례행동 상황	1(1.0%)	
친절함		1(1.4%)
익명타인 대면 시	1(1.0%)	
기타 소수 응답	1(1.0%)	4(5.4%)
실수했을 때		1(1.4%)
기타	1(1.0%)	3(4.1%)
총 계	96(100.0%)	74(100.00%)

위의 자료를 종합해 보면, 청소년들이 주로 경험하는 TV나 언론 매체에서 하는 행위를 겸손한 언행으로 본 경우가 많았던 반면, 성인들은 업무에서의 능력 인정이나 거래처 사람들을 대할 경우에 겸손한 언행을 하는 사례가 많았다. 이는 청소년과 성인들이 주로 생활하는 환경에서 오는 차이로 인한 것으로 볼 수 있다. 그러나 칭찬 상황과 같은 거리가 있을 경우 그 성과에 대해 겸손하게 행동하는 것에서 동일하게 많은 응답이 나온 것은, 겸손에 대한 사회구성원들의 공통된 가치를 확인할 수 있는 측면이었다. 그리고 윗사람에 대한 겸손한 언행의 표현이나, 불특정 타인을 대상으로 하는 겸손한 언행에서도 동일할 반응이 나타났다. 이는 사회적으로 정형화되어 있는 겸손한 행위에 대한 규범이 청소년기에도 개인의 가치로 내면화되어 있음을 알 수 있다.

겸손해야 할 만한 거리가 있을 경우에 가장 많은 겸손언행을 표현하지만, 겸손행동 표현에는 원활한 인간관계 유지를 위한 의례적인 측면도 강함을 알 수 있었다. 이는 다른 사람들에게 자신의 잘난 점을 드러내지 않고, 자신을 다른 사람들 앞에서 낮추어 상대의 입장을 고려해야 한다는 사회의 대인관계 규범을 그대로 따르는 행위로 볼 수 있다.

그리고 위의 상황과 관련지어 누구 앞에서 겸손한 언행을 했는지에 대한 질문에 대해서 청소년들은 방송인이나 운동선수가 팬, 시청자나 일반 대중 앞에서 의도적으로 하는 언행을 겸손한 것으로 보았는데, 이는 청소년들의 주로 접하게 되는 TV나 방송매체를 통해서 방송인이나 스포츠 인들이 하는 언행을 볼 기회가 많으며, 따라서 방송매체에서 접하는 방송인들이 일반 대중을 향하여 하는 언행을 겸손한 언행으로 보는 것으로 보인다. 자신이 칭찬을 받는 상황에서는 선생님이나, 부모님, 친척어른들 앞에서 주로 겸손하게 행동하는

것으로 나타났다. 그리고 친구 앞에서도 겸손행동을 하는 것으로 나
타났다.

성인들은 윗사람이나 상사 앞에서 겸손한 언행을 하는 경우도 많
지만, 절친하지 않은 동료관계나, 업무상 접촉하는 사람일 경우에도
겸손하게 행동한다고 보고하였다. 이는 윗사람에 대한 사회적 규범
에 따르는 예의바른 행동을 다하기 위해서 그러한 행동을 하기도 하
지만, 의례적인 측면이 강한 행동임을 알 수 있었다. 청소년과 성인
은 주로 생활하는 공간에서의 차이로 인해 겸손행동을 하게 되는 관
계에서 차이는 있었으나 윗사람이나 연장자에 대한 행동에서의 겸손
언행에는 차이가 없었다.

2. 겸손행동 표현 시의 언어적 표현방식

청소년들은 겸손행동을 구체적으로 어떻게 표현하는가에 대해서
자신의 행동에 대해 사양하는 언행을 가장 많이 하였으며, 다른 사
람 덕분이라고 표현하거나 자신은 잘하는 것이 아니라고 표현한다는
응답이 많았다. 유형별로 분류해보면, 자신의 성과를 다른 사람들 덕
분이라고 표현하는 경우가 많았다. 이러한 응답들을 타인에 대한 감
사항목으로 범주화하였다. 자신은 잘하는 것이 아니라거나, 남들이
더 잘했다고 자신을 낮추어 표현하는 경우도 많았다. 이러한 응답들
은 자신이 부족하다는 점에 초점을 두어 자신 부족함 차원으로 명명
하였다. 그리고 당연히 해야 할 것이라거나, 별거 아니라거나, 그냥
할 것뿐이라는 응답들은 모두 사회적 가치 차원에서 보았을 때 당연
하게 이루어지는 것이며 긍정할 것도 부정할 것도 없는 사항이라고
판단되어 당연성 차원으로 명명하였다. 부끄러워하거나, 쑥스러워하
는 표현 응답들은 정서적인 표현이라고 판단이 되어 정서적 표현으
로 명명하였다. 그리고 어느 항목으로 분류하기가 어려운, 운이나 인

사를 한다고 응답한 경우도 있었다.

성인들은, 자신의 행동에 대해 다른 사람의 덕분이라고 하거나 자신을 낮춤으로써 상대를 높여주거나 상대를 배려한다는 응답이 많았다. 이러한 종류의 응답은 타인의 마음을 배려한 행동 표현으로 판단이 되어 타인 고려항목으로 분류하였다. 그리고 자신의 능숙함을 부정하거나 운으로 응답한 경우도 자신의 성과를 인정하기보다는 운으로 귀인행동을 함으로써 자신의 성과나 잘한 점을 제대로 인정하지 않게 표현한다고 보아 성과 불인정이라고 명명하였다. 그리고 분명하게 응답이 많은 것으로는 당연성이었다. 사회에서 옳다고 보이는 행동에 대해 그렇게 행동하는 것이 당연한 것으로 보는 응답들이 많았다. 위의 세 가지 즉 타인 배려와 성과를 인정하지 않는 것이나 당연하게 여기는 것은 겸손행동이 다른 사람들과의 원만한 대인관계를 형성하는 데 중요한 역할을 하고 있는 것으로 판단이 된다. 말과 행동으로 어떤 자세를 취하는 것은 언행을 행하는 행동이라고 판단이 되어 실천적 언행이라고 명명하였다. 반면, 웃거나 아무런 말을 하지 않음으로서 자신의 성과를 자연스레 인정하는 응답이 소수 있었으며, 이것은 사회에서 자신의 가치를 스스로 인정받고자 하는 자신의 속마음에 대한 소극적인 표현방식의 하나로 여겨졌다.

표현양식에서 청소년과 성인 응답자 간에는 커다란 차이가 있지는 않았다. 자신의 행동 표현에서 다른 사람에게 감사를 표현하거나, 자신의 성과에 대해 부정하거나 사양하거나 하는 응답이 두 집단 모두에서 나타났다. 차이점이라고 한다면, 성인들은 직장에서나 업무에서 자신의 성과를 인정받아야 하는 상황에서는 자신의 성과에 대해 은근한 인정을 소극적으로 요구하고 있었지만, 많은 응답을 보이지는 않았다.

표 2-2. 겸손한 행동 표현방식에 대한 청소년과 성인의 반응 수(백분율)

응답범주 및 유형	청소년	성 인
타인 감사	35(36.5%)	24(32.0%)
덕분	18(18.8%)	16(21.3%)
부모 감사	5(5.2%)	
감사	3(3.1%)	5(6.7%)
상대 배려		3(4.0%)
팬 감사	4(4.2%)	
주위어른 감사	2(2.1%)	
타인에게 영광	1(1.0%)	
주위에 감사	2(2.1%)	
자신 부족함	26(27.1%)	23(30.7%)
사양	10(10.4%)	
자신 잘한 것 아님	10(10.4%)	8(10.7%)
자신 낮춤, 상대 존중		7(9.3%)
남들이 더 잘함	3(3.1%)	8(10.7%)
자리 양보	2(2.1%)	
죄송함	1(1.0%)	
당연성	20(20.8%)	16(21.3%)
당연한 일	4(4.2%)	14(18.7%)
별거 아님	7(7.3%)	
열심히 했음	3(3.1%)	
부드럽고 침착	3(3.1%)	
할 일을 했음	3(3.1%)	2(2.7%)
실천적 언행		7(9.3%)
언어 표현		5(6.7%)
행동 표현		2(2.7%)
정서적 표현	3(3.1%)	1(1.3%)
부끄러움	2(2.1%)	
쑥스러움	1(1.0%)	
웃음		1(1.3%)
운이 좋음	5(5.2%)	3(4.0%)
인사할 때	2(2.1%)	
기타	2(2.1%)	1(1.3%)
총 계	96(100.0%)	75(100.00%)

3. 겸손한 언행의 비언어적 표현방식

겸손한 언행을 할 때의 신체의 모습은 어떠한가에 대해서 청소년들은 표정과 손짓(7, 7.3%), 표정과 머릿짓(6, 6.3%), 표정과 몸짓(5, 5.2%), 부드러운 표정(3, 3.1%), 기뻐서 우는 표정(3, 3.1%), 표정과 신체자세(2, 2.1%) 등 표정과 관련된 응답이 많았으며, 그중에서도 기뻐서 웃는다는 응답이 가장 많았으며(20, 20.8%), 기뻐서 우는 표정을 짓는다(7, 7.3%)는 응답도 있었다. 웃거나 우는 경우 모두 기쁨의 표현이고, 또 얼굴 표정에서 겸손함을 표현한다고 보아 표정(53, 55.2%)이라는 항목으로 분류하였다. 그리고 인사를 하거나(8, 8.3%), 고개를 숙이고(4, 4.2%), 두 손을 모으고 정돈된 자세를 취하거나(4, 4.2%), 공손한 자세를 보이거나(4, 4.2%), 신체자세를 바로 하거나(1, 1.0%)는 응답도 많아서, 이러한 행동과 관련되는 응답을 항목화하여 반듯한 자세(21, 21.9%)라고 명명하여 보았다. 그리고 그 외의 몸짓을 하거나(8, 8.3%), 머리를 만지거나(3, 3.1%), 손을 내젓거나 하는 부정의 몸짓을 보이거나(3, 3.1%) 쑥스러운 몸짓을 보임(3, 3.1%)으로써 자신의 겸손함을 표현하는 응답도 있었으며, 신체의 다양한 움직임으로 자신의 행동을 표현한다고 보아 신체 움직임 항목(17, 17.7%)으로 분류하였다.

한편 성인도 미소로 표현한다는 응답이 많았다(20, 26.7%). 고개를 숙이거나(19, 25.3%) 두 손을 모은다(8, 10.7%)고 응답한 경우도 많았으며, 이러한 응답을 공손한 자세(47, 62.7%)로 명명하였다. 성인의 경우는 공손한 자세를 취하는 경우가 미소를 짓는다는 것보다 더 많았다. 그리고 바른 자세를 취하는(6, 8.0%) 행동도 우리 사회에서는 공손한 자세의 하나라고 보아 공손한 자세로 분류하였다.

쑥스러운 듯한 행동(8, 10.7%)을 하거나 머리를 긁적거리는 행동(2, 2.7%)을 한다고 보아 이런 종류의 행동을 쑥스러움 차원(10,

13.3%)으로 분류하였다. 다음으로는 손을 내젓거나(2, 2.7%), 부정하
거나(2, 2.7%) 하는 자신의 행동에 대해 부인하는 신체자세를 따로
분류하여 부정 차원(4, 5.3%)으로 명명하였다. 소수 응답으로 눈치를
보거나(1, 1.3%) 자신의 행동에 대한 인정이라고 판단되는 침묵한다
(1, 1.3%)는 응답도 있었다. 그리고 항목화하기가 어려운 기타 항목
으로 6(8.0%)개의 응답이 있었다.

청소년과 성인 응답자 모두에서 겸손한 언행을 표현하는 몸짓이나
자세에서는 커다란 차이가 발견되지는 않았다. 미소를 짓거나 웃는
다는 응답이 두 집단 모두에서 가장 많이 나왔으며, 쑥스러워한다는
것에서도 그러하였다. 이는 자연스레 그 사회에서 규정하는 행위의
영향을 개인이 받는다는 것을 의미한다고 하겠다.

4. 겸손행동 후의 정서적 경험

겸손한 행동을 하고 난 후의 느낌에 대해서는 기분이 좋다(13,
13.5%), 좋다(12, 12.5%), 기쁘다(6, 6.3%), 즐거웠다(1, 1.0%)는
응답이 많았으며, 이들은 모두 긍정적인 느낌이라고 판단이 되어 긍
정적 정서표현(32, 33.3%)으로 명명하였다. 그리고 겸손행동을 하고
난 후 행위 당사자들은 뿌듯하다(19, 19.8%)는 응답이 단일 항목으
로 가장 많았으며, 보람 있다(3, 3.1%), 자랑스럽다(2, 2.1%), 우쭐하
다(2, 2.1%)는 응답도 많았다. 이는 자신이 스스로 한 행동에 대해서
는 자랑스러워하고, 만족스러워 한다는 것을 알 수 있다. 이는 사회
적 가치에 적절하게 표현한 행동에 대해서는 자기만족감과, 자아가
고양된다는 것을 의미한다. 즉, 겸손행동이 다른 사람들에게 제시되
는 행동이며, 사회적으로 바람직한 행동으로 볼 수 있으므로, 그렇게
행동한다는 것은 행위자 개인에게 긍정적인 정서상태를 유발한 것으
로 사료된다. 또한 그러한 행동을 받는 수용자 입장에서는 그 사람

에 대해 긍정적인 평가의 응답을 많이 한 것으로 보아 바람직한 사회적 행동으로 여겨지고 있음을 알 수 있다.

다음으로 쑥스럽다(6, 6.3%)거나 부끄럽다(6, 6.3%)는 미안하다(1, 1.0%), 그리고 어색하다(1, 1.0%)는 응답에 대해서는 쑥스러워하는 마음상태에 대한 표현방식이라고 판단이 되어 쑥스러움 차원(14, 14.6%)으로 분류하였다. 이는 '벼는 익을수록 고개를 숙인다'는 우리의 속담에서처럼, 자신의 잘난 점이나 성과를 드러내는 것에 익숙하지 않은 우리의 사회 문화적 환경과 관련이 있다고 여겨진다. 이것은 그 행동이 겸손한 행동으로 해야 하는 것인지 어떤지에 대한 아무런 생각이 없이, 이미 어느 정도는 사회적 규범, 가치가 '당연히 그렇게 해야 하는 것'으로, 개인의 가치로 내면화가 되었다고 할 수 있다.

겸손행동 후, 기특하다(3, 3.1%), 훌륭하다(2, 2.1%), 감동 받는다(2, 2.1%), 고맙다(2, 2.1%), 그리고 본받고 싶다(1, 1.0%)는 비슷한 수의 응답이 있었다. 이것은 겸손행동이 사회적으로 가치 있고, 바람직한 행동으로 인식된다는 점에서, 행위자들의 행동에 대해 호의적인 평가와 우러르는 반응이라고 사료되어 긍정적인 상대평가(10, 10.4%)라고 명명하여 보았다.

한편, 아무런 느낌이 없다(6, 6.3%), 그저 그렇다(1, 1.0%)는 응답도 있어 겸손하게 행동하는 것이 사회적으로 당연시되는 행동이기에 아무런 느낌 없이 행해지는 것으로 판단이 되었다. 이 응답들은 무느낌(7, 7.3%)으로 명명하였다. 겸손한 행동을 하고 난 후 후회스럽거나(3, 3.1%), 미덥지 않다(1, 1.0%), 가증스럽다(1, 1.0%)는 부정적인 느낌을 일으킨다는 응답도 있어, 이것을 부정적 정서(5, 5.2%)로 명명하였다. 이는 행위자가 겸손행동을 한 것을 상대가 자신의 내면의 마음을 알아주어서 더 긍정적인 관계나, 인정을 행위자에게 해주어야 하나, 자신의 속마음을 알아주지 못하게 되었을 때, 부정적인 정서상태가 된 것으로 추정해 볼 수 있다.

성인도 마찬가지로 뿌듯하다(22, 29.3%)는 응답이 가장 많았다. 그러나 뿌듯함과 관련되는 다른 응답들이 많지 않아 뿌듯하다는 응답을 따로 분류하지는 않았다. 그리고 기쁘거나(16, 21.3%), 편안하다(6, 8.0%), 감사하다(3, 4.0%)는 긍정적인 느낌을 응답한 경우가 많았다. 따라서 이러한 종류의 응답을 긍정적 정서(47, 62.7%)로 항목화하였다. 겸손행위를 보고 난 후 대인평가에서 긍정적인 측면이 많이 부각되는 응답이 나온 것으로 보아, 이는 성인의 경우에도 상대가 자신을 긍정적으로 평가하고 있다는 견지에서, 자아가 고양이 된 것으로 볼 수 있다. 성인의 경우도 덤덤함(4, 5.3%), 당연시함(3, 4.0%)으로 응답한 경우가 있어, 이를 당연성(7, 9.3%) 차원으로 항목화하였으며, 사회규범적 의미의 겸손행동을 당연한 것으로 생각하는 것으로 판단되었다. 쑥스럽게 여긴다(8, 10.7%)는 응답에 대해서는 다른 항목으로 분류하기가 어려운 항목으로 분류하였으며, 더 잘해야 한다(4, 5.3%), 나를 위해(1, 1.3%)라는 응답은 자신의 행위를 되돌아보고 느낀 것이라 판단이 되어 자기 성찰(5, 6.7%)로 명명하여 보았다. 상대의 겸손한 행동에 대해 행위 의도를 의심하거나(3, 4.0%) 부담스러워하는(1, 1.3%) 부정적인 느낌을 응답한 경우가 있어 이를 부적인 정서(4, 5.3%)로 명명하였다. 성인도 청소년의 응답과 유사한 형태를 띠었음을 알 수 있었다.

사회규범에 따르는 행동의 긍정적인 측면도 많이 있지만, 사회의 가치에 따르는 행동의 이면에 있을 수 있는 부정적인 측면이 있을 수 있다는 것과 아울러 결국은 겸손 행위자가 자신의 속마음을 그대로 표현한 것이 아니라 바람직해 보이는 행동으로 표현할 수 있음을 생각해 볼 수 있다. 이는 이전의 연구에서 알아본 것처럼, 겸손행동이 문화적 환경에 따르는 행동임을 확인할 수 있다. 청소년과 다른 점이라면, 다른 사람의 행동을 보고 자신이 좀더 잘하도록 해야 한다거나 결국 그러한 행동이 자신에게 이익이 되니까 해야 한다거나, 자신의 행동을 되돌아보게 된다는 자기 자신을 되돌아보는 측면이 있었다.

5. 마음을 담은 표현방식과 행동방식

진심 어린 마음으로 겸손한 행동을 했는지를 어떻게 알 수 있으며, 어떻게 행동하는 것이 진심이 담겨있는 행동인지를 판단하는가에 대해, 청소년은 진심과 관련되는 응답이 많았다. 진심은 우러나게 되어 있으며, 상대가 느낄 수 있고, 진심 어린 말투와 진심 어린 느낌 등을 진심 차원으로 분류하였다. 정확하게 표현하기는 어렵지만 우리 사회에서 진심 이 담긴 표현에는 예의 있는 행동, 이타적인 행동 등 행동과 관련이 되는 응답은 행동 표현 항목으로 유목화하였다.

다음으로는 표정을 보면 알 수 있다는 응답이 많았다. 진실하고 진지한 표정이나 웃는 표정 등 표정과 관련되는 응답을 묶어 표현된 표정으로 범주화하였다. 다른 의미일 수는 있으나 우는 표정도 동일한 표정을 통해 진심 여부를 알 수 있는 것으로 판단이 되어 동일한 표정 차원으로 범주화하였다. 그리고 겸손한 모습이나 공손한 자세를 취하는 것도 진심 어린 것으로 보아 말과 행동에서 겸손행동의 표현방식이 있음을 알 수 있었다.

한편, 성인도 진심인지 아닌지의 여부로 진심 여부를 판단하였다. 진심 여부에 대해 또 다른 설명보다는 진심 그 자체로 진심 여부를 알 수 있다는 응답이 많았다. 이는 진심에 대한 심상 표상구조를 갖고 있는 것으로 추정해 볼 수 있다. 다음으로는 적당한 표현행동이나 상황을 고려해서 알 수 있다는 응답에 대해서는 적당한 상황에 따라 판단된다고 여겨져 상황 고려 차원으로 명명하였다. 이는 성인

들이 친밀한 관계의 대인관계 접촉도 있지만, 상사와의 관계나 업무
상 접촉하는 사람들과의 관계에서 의례적인 측면이 강하기 때문에
그러한 응답이 나온 것으로 추정된다. 또한 예의바르다, 고마움을 표
현한다, 자신의 행위를 부인한다는 응답은 겸손행동을 하는 행위자
의 행동을 보고 알 수 있는 행동이라고 판단이 되어 행위자 행위 차
원으로 분류하였다. 그리고 소수 응답으로 당연한 것으로 본다는 응
답도 있었다.

표 2-3. 진심이 담긴 표현과 행동에 대한 청소년과 성인의 반응 수
(백분율)

응답범주 및 유형	청소년	성 인
진심 차원	20(32.3%)	41(57.7%)
진심 우러남	8(12.9%)	18(25.4%)
진심일수도, 아닐 수도	7(11.3%)	23(32.4%)
상대 느끼도록	1(1.6%)	
진심 어린 말투	4(6.5%)	
행동 표현	13(21.0%)	11(15.4%)
예의 있는 행동	5(8.1%)	7(9.9%)
행동 실천	2(3.2%)	
바라지 않는 행동	3(4.8%)	
이타적 행동	1(1.6%)	
고마움 표현		3(4.2%)
자발적 행동	2(3.2%)	
자신 행위 부인		1(1.4%)
표현된 표정	9(14.5%)	
웃는 표정	3(4.8%)	
쑥스러운 표정	2(3.2%)	
눈물	2(3.2%)	
진실한 표정	1(1.6%)	
진지한 표정	1(1.6%)	
상황 고려 차원		14(19.7%)
적당한 표현		12(16.9%)
상황관계		2(2.8%)
겸손함	9(14.5%)	
자신 과신 않음	5(8.1%)	
겸손함	2(3.2%)	
드러내지 않음	2(3.2%)	
공손함	5(8.1%)	
공손한 자세	1(1.6%)	
인사	3(4.8%)	
격식 있는 말	1(1.6%)	
소수 응답	6(9.7%)	5(7.0%)
당연성		1(1.4%)
기타	6(9.7%)	4(5.6%)
총 계	62(100%)	71(100.00%)

위의 결과를 보면, 청소년보다 성인의 응답이 유사하게 나왔다. 진심 여부를 판단함에 있어 말이나 문자로는 표현하기 어려운 진심 그 자체를 판단할 수 있는 심상 표상을 갖고 있는 것으로 여겨진다. 청소년들과 성인들에게 동일하게 진심 자체로 진심 여부를 판단하는 경우가 많았다. 청소년들은 단순한 측면에서의 응답이 많았으나, 성인들은 진심인지의 여부를 판가름하는 데 있어서 좀더 복잡한 정보처리가 포함되어 있음을 알 수 있었다.

6. 겸손언행이 진심이 아닌 이유

진심이 아닌 것을 어떻게 생각하느냐는 질문에 대해, 청소년은 의례적이거나, 가식적이거나, 방송이라서 진심이 아닌 것으로 본 응답이 많아 의례적인 항목으로 분류할 수 있었다. 그리고 남의 시선 때문에, 잘 보이기 위해 그리고 부정적 인상을 회피하기 위해 하는 행동에 대해서는 타인에 대한 개인의 인상관리와 관련이 있다고 판단이 되어 인상관리 차원으로 명명하였다. 자신만만하게 행동하기 때문에 진심이 아닐 것으로 본 응답도 있었는데, 이는 사회적 기준은 자신을 숙이고, 낮추어 행동하는 것인데 그렇지 않게 행동한 것으로 보아, 진심이 아닐 것으로 역추정을 해 보았다. 즉, 진심이라면 그렇게 자신만만하게 행동할 수 없다는 것이다. 그리고 예의상이기 때문에 진심과 달리 행동했다고 보는 응답도 있어, 예의 때문에 진심과 달리 행동한다는 것은 그 이면에 자신의 인상을 관리한다는 의미도 있을 수 있고, 또 사회에서 가치 있게 여기는 예의가 개인의 내적인 가치로 내면화되었을 수도 있다고 판단이 되어 별도로 유목화하였다.

표 2-4. 진심 어린 행동이 아닌 이유에 대한 청소년과 성인의
　　　　반응 수(백분율)

응답범주 및 유형	청소년	성　인
의례적 차원	26(51.0%)	21(35.0%)
가식적인 행동	9(17.6%)	
방송이니까	4(7.8%)	
형식상	8(15.7%)	7(11.7%)
의례적	5(9.8%)	14(23.3%)
인상관리 차원	11(21.6%)	15(25.0%)
남의 시선	6(11.8%)	15(25.0%)
자신의 이미지	2(3.9%)	
잘 보이려고	2(3.9%)	
부적인상 회피	1(2.0%)	
솔직성 차원	4(7.8%)	5(8.3%)
자신만만	4(7.8%)	
능력 인정받고자		4(6.7%)
양심 때문(일종의 솔직함)		1(1.7%)
예의	6(11.8%)	9(15.0%)
상황판단		6(10.0%)
부분적 진심		5(8.3%)
의례적		1(1.7%)
기타	4(7.8%)	4(6.7%)
총　계	51(100.0%)	60(100.00%)

성인의 경우에는 청소년의 응답과 유사하였는데, 사회적 풍토 때
문에 겸손하게 행동했거나, 의례적으로 행동했다는 응답에 대해서는
의례적 차원으로 명명하였으며, 다음으로는 주위 시선 때문에 겸손
하게 행동한 것으로 보는 응답이 많았다. 그리고 능력을 인정받고
싶거나, 자신의 양심 때문에 진심이 아닌 행동을 한 것으로 보아, 이
는 개인의 솔직한 마음을 나타낸다고 판단이 되어 솔직성 차원으로

명명하였다. 그리고 상황에 따라 영향을 받는다는 응답이 진심인지에 대한 판단에서와 유사한 형태로 나타났다.

위의 결과를 살펴보면, 청소년 성인 모두 의례적인 사회적 풍토 때문에, 그리고 자신의 이미지를 관리하는 차원에서 겸손하게 행동한 응답이 가장 많았으며, 진심 어린 마음에서 한 행동이 아닌 이유로 상당 부분을 설명할 수 있는 부분이었다. 이는 사회적 가치와 그에 수반하는 그 가치에 맞게 행동하기 위해 진심이 아니더라도 겸손한 척할 수 있는 것으로 여겨진다.

7. 겸손행동을 지켜보는 다른 사람들의 내적인 경험

겸손행동을 본 사람들의 마음은 어떠할 것인지에 대해 청소년은 우선은 착하다(7, 7.3%), 예의바르다(4, 4.2%), 기특하다(4, 4.2%), 좋은 인상을 갖는다(3, 3.1%), 멋있다(3, 3.1%), 겸손하다(2, 2.1%), 신뢰감이 생긴다(2, 2.1%), 호감을 갖는다(1, 1.0%), 그리고 훌륭하다(1, 1.0%) 등 그 행동을 한 사람에 대해 호의적인 평가를 갖는 응답들이 많았다. 따라서 겸손언행을 하는 사람에 대한 긍정적인 평가라고 판단이 되어 호의적인 평가 차원(27, 28.1%)으로 명명하였다. 다음으로는 겸손언행을 본 사람의 개인적인 감정에 대해 응답한 경우인데, 좋은 기분(16, 16.7%), 뿌듯함(3, 3.1%), 흐뭇함(3, 3.1%), 따뜻하다(3, 3.1%), 자랑스럽다(2, 2.1%) 같은 유쾌한 개인의 감정상태에 대한 응답이 많았으며, 이것을 긍정적인 정서(27, 28.1%)로 명명하였다. 그리고 그 겸손 행위자에 대해 부끄러워하고(5, 5.2%), 고맙다고 생각하고(4, 4.2%), 본받고(4, 4.2%), 감동적이며(2, 2.1%), 존경하고(1, 1.0%), 부러워하였는데(1, 1.0%), 이는 우러름 차원(16, 16.7%)으로 명명하였다. 그 외 부정적인 평가(10, 10.5%)와 당연하게 여긴다(6, 6.3%)와 같은 응답이 있었으며, 긍정적이고 부정적인 감정이 모두 생길 것(5,

5.2%)이라는 응답들도 있었다.

한편, 성인은 개인에 대한 평가가 두드러졌다. 인간적으로 된 사람 (14, 18.7%)이거나 겸손한 사람(7, 9.3%)이거나 의례적인 태도를 가진 사람(5, 6.7%)이라거나, 예의바른 사람(3, 4.0%)이라고 보는 개인에 대한 평가가 많았다. 따라서 이런 응답을 묶어 개인에 대한 평가 (29, 38.7%)라고 명명하였다. 다음으로는 개인적 정서 차원으로서 기분이 좋을 것(22, 29.3%)으로 보는 응답이 많았다. 이 차원은 응답 중에 가장 많은 반응이 나온 것으로 다른 응답과는 묶기가 어려워 하나의 항목으로 분류하였다. 그리고 당연한 행동으로 볼 것이라는 응답이 있어, 이것을 당연성 차원(9, 12.0%)으로 하였으며, 상황마다 다르다(7, 9.3%)와 적당한 행동이라고 볼 것(3, 4.0%), 나를 되돌아 본다는 응답(2, 2.7%)도 있었다. 분류하기 어려운 기타 응답은 3개 (4.0%) 있었다. 응답률의 차이는 있으나, 성인과 청소년 모두 개인에 대해서 호의적으로 바라보는 응답이 많았으며, 그런 행동을 보는 것은 유쾌한 기분이 들게 한다는 것에서도 차이가 없었다. 당연성에서도 청소년의 응답과 같았다.

성인들의 응답에서 각 질문마다 나타나고 있는 것은 어떠한 상황이냐에 따라 판단이 다르다는 응답인데, 이 질문에 대해서도 상황마다 다를 것으로 보는 응답이 있었다. 따라서 성인은 겸손행동에 대한 지각에 있어서, 청소년보다 다양한 인지적 정보처리를 하는 것으로 사료된다.

8. 의례적으로나 혹은 마음에도 없이 했다는 것을 아는 방법

청소년들은 우선 얼굴표정이 겸손의 의례성을 판단하는 중요한 기준이 되었다(38, 39.6%). 그것이 어떠한 방향으로서의 표정이든 간에 표정을 보고 많은 것을 판단하였다. 즉, 얼굴 표정으로 알 수 있다는 응답은 18(18.8%)명으로, 가장 많은 응답이었으며, 그 외 표정과 말투(8, 8.3%), 굳어진 표정(6, 6.3%), 눈빛으로(5, 5.2%), 눈물(1, 1.0%)과 같은 반응들이 있었다. 그리고 밖으로 드러난 행동이나 모습을 통해 의례성 인지의 여부를 안다고 응답한 경우도 많았다. 즉, 의례적인 태도(6, 6.3%), 언행 불일치(6, 6.3%), 평소에 하는 모습(4, 4.2%), 태도(4, 4.2%), 행동을 보고(3, 3.1%) 등 밖으로 드러난 외현적인 모습과 관련이 있는 것으로 판단이 되어 외현적 모습(23, 24.7%)이라고 명명하였다. 또한 그 행동을 보는 다른 사람들의 느낌이나(9, 9.4%), 어색해하는 모습(3, 3.1%), 상황에 따라(1, 1.0%), 거만함(1, 1.0%), 잘난 척(1, 1.0%) 같은 개인의 주관성이 영향을 미칠 수 있는 항목에 대해서는, 이것을 개인의 주관적 판단항목(15, 16.1%)으로 분류하였다. 그리고 말투(10, 10.4%)나 말의 내용(2, 2.1%)과 같은 언어적 표현(12, 12.9%)을 통해서 채워지지 않는 많은 부분을 채워 넣는 다는 것을 알 수 있었다.

성인의 경우에도, 행동(16, 22.2%)과 표정(13, 18.1%), 그리고 말투(11, 15.3%)와 같은 신체적 표현(40, 55.6%)으로 의례적 행동인지를 판단할 수 있다는 응답이 절반을 차지하였다. 그리고 개인의 경험(13, 18.1%)이나 상황파악(9, 12.5%)으로 알 수 있다는 응답에 대해서는 개인의 판단에 의존한 것으로 여겨져 개인의 판단(22, 30.6%)으로 명명하였다. 그리고 의례적 행동(5, 6.9%)이거나, 예의적 측면(1, 1.4%)과 태도(1, 1.4%)에서 겸손함을 판단한다는 응답에 대해서는 비록 소수였으나 관례적 차원(7, 9.7%)으로 명명하였다. 그리고 모르겠다는 응답이 3개(4.2%) 있었다.

이 경우에도, 청소년과 성인의 응답에서 유사성이 발견되었다. 즉 신체적 표현방식인 표정이나 행동, 말투에서 공통점이 나타났고, 개인의 주관적 판단에 의존한다는 것에서도 공히 같은 응답을 보여,

사회의 가치가 청소년에게도 상당 부분 공유되고 있음을 알 수 있었다. 청소년들은 어느 정도의 사회에서 요구되는 가치와 규범에 대해서 교육과 내면화가 이루어져가는 단계이며, 상당 부분 사회적 규범에 대한 지각능력이 있는 것으로 판단되었다.

9. 윗사람 앞에서 겸손한 언행을 한 이유

청소년들에게서는 윗사람과의 관계는 지위와 위치의 관계라고 할 수 있다. 따라서 지위와 위치 때문에 윗사람에 대해 겸손하게 행동한다는 응답이 많았다(29.0%). 윗사람이니까, 사회적 지위, 사회적 위치, 나보다 높은 위치이므로, 선생님이므로 와 같은 응답들은 사회적 위치항목으로 분류하였다. 다음은 다른 사람 앞이기 때문에, 방송이기 때문에 잘 보이려고, 이미지 관리, 인상관리와 관련되는 응답이 많았는데, 이들 응답들은 타인에게 자신의 인상을 관리하려는 의도를 가지고 한 행동이라고 판단이 되어 인상관리 차원으로 명명하였다(26.9%). 그리고 나와의 관계나 친구와의 관계, 친척 관계, 부모와 가족과의 관계로 인해 겸손하게 행동한다는 응답은 대인관계 차원으로 명명하였다(23.7%).

윗사람에게 어떻게 행동해야 한다는 사회규범적인 예의 차원에서 겸손행동을 하게 된다는 응답도 있었는데, 이는 사회적 가치가 개인의 판단에 영향을 미친 것으로 사료된다. 자신이 진심으로 그러한 행동을 하거나, 자기 스스로의 만족으로 겸손행동을 하게 된다는 응답도 있었다. 이 응답은 개인의 자아고양과 관련이 있다고 판단이 되어 자아고양으로 명명하였다. 그리고 소수의 응답으로는 쑥스러워서 겸손하게 행동한다는 응답도 있었다.

성인도 윗사람에 대한 겸손행동은 사회적 지위나 연령이 많은 응답이 나왔다(41.1%). 윗사람과의 관계는 인간적인 관계나 상호작용

보다는 서열적 의미가 더 많이 작용한 것이다. 따라서 사회적 지위, 위치 그리고 연장자라 겸손행동을 했다는 응답을 사회적 서열로 명명하였다. 이는 우리 사회에서 윗사람에 대한 공경이나 윗사람에게 예의를 다해야 한다는 가치 때문인 것으로 판단된다. 그리고 나와의 관계나 존경은 대인관계 항목으로 분류하였다. 이는 아랫사람이 윗사람에게 존경하기 때문에 겸손하게 행동한다는 것은 인간적인 관계가 내포되어 있다고 판단되어 같은 항목으로 분류하였다. 다음으로는 사회적 지위, 위치, 관계 모두의 작용으로 윗사람에게 겸손행동을 한다는 것인데, 이는 관계나 지위 어디에도 분류하기가 어려워 따로 한 항목으로 하였다. 마찬가지로 개인의 판단양식에 대한 응답도 있었으나, 이것도 따로 한 항목으로 분류하였다. 그리고 사회규범적 측면은 그 이면에는 윗사람에 대한 공경의 의미가 포함되어 있으나, 응답자들이 사회규범적인 이유라는 말이 응답에 포함되어 있는 것만 따로 분류하였다.

10. 겸손언행에 따른 관계 변화에 대한 추론

겸손한 언행을 하고 난 후, 두 사람 사이의 관계에서의 변화에 대해, 청소년은 믿음과 신뢰(11, 11.5%), 친밀감(10, 10.4%), 더 좋은 관계(8, 8.3%), 친분이 생기고(5, 5.2%), 사이가 좋아짐(5, 5.2%), 관심을 갖게 된다(2, 2.1%), 서로를 존중(1, 1.0%)한다는 긍정적인 방향으로 변하게 될 것으로 본 응답이 많았으나(42, 45.7%), 반면 관계에 변화가 없거나(19, 19.8%), 형식적인 관계(2, 2.1%)가 될 것이라고 보는 응답도 많았다(21, 21.9%). 방향성은 서로 다르지만, 모두 두 사람 사이의 관계성에 초점을 두고 있다고 보아 관계성 차원(63, 67.6%)으로 명명하였다. 그리고 겸손한 언행을 한 사람에 대해 좋은 인상(13, 14.1%)이나 겸손하게 예의바른 사람(4, 4.2%)으로 보거나

표 2-5. 윗사람에 대한 겸손이유에 대한 청소년과 성인의
　　　　반응 수(백분율)

응답범주 및 유형	청소년	성인
사회적 서열	27(29.0%)	30(41.1%)
웃어른	14(14.6%)	15(19.8%)
사회적 지위	3(3.1%)	
사회적 위치	1(1.0%)	
지위나 위치	6(6.3%)	15(24.0%)
나보다 높으므로	3(3.1%)	
인상관리	25(26.9%)	
다른 사람 앞에서	7(7.3%)	
인상관리	6(6.3%)	
잘 보이려고	3(3.1%)	
방송이므로	4(4.2%)	
이미지 관리	3(3.1%)	
착해 보이려고	2(2.1%)	
대인관계	22(23.7%)	21(28.8%)
나와의 관계	15(15.6%)	20(27.4%)
친구와 관계	2(2.1%)	
친척관계	4(4.2%)	
부모가족관계	1(1.0%)	
존경		1(1.4%)
의례적	10(10.5%)	4(5.5%)
예의상	6(6.3%)	
상대 배려	2(2.1%)	
의례적	2(2.1%)	4(5.5%)
자아고양	6(6.3%)	
진심으로 그러고 싶어	4(4.2%)	
자기만족	2(2.1%)	
사회적 지위, 위치, 관계		13(15.1%)
개인의 판단양식		4(5.5%)
쑥스러움	1(1.0%)	
없음	2(2.1%)	
기타		1(1.4%)
총　계	93(100.0%)	73(100.00%)

좋아하게 되거나(3, 3.1%)하는 응답들은 모두 긍정적인 인상을 갖게 된다고 응답한 경우가 많았으며(20, 21.4%), 나쁜 인상을 형성(3, 3.1%)할 것이라는 응답도 소수이지만 있었다. 이 두 응답 모두 전반적으로 인상형성(23, 25.0%)과 관련되는 항목으로 분류하였다. 그리고 자신이 겸손한 언행을 본받게 될 것(2, 2.1%)이라고 응답한 경우, 유사한 범주로 항목화하기가 어렵다고 판단이 되어 단일 항목으로 하였다. 그리고 소수이지만 평가가 어느 방향으로든 있을 것(4, 4.2%)으로 보는 응답도 있었다.

한편, 성인은 관계가 더 좋아질 것(28, 38.4%)이라고 보았으며, 좋은 인상을 형성할 것(17, 23.3%)으로 보는 응답이 많아, 긍정적인 변화가 있을 것으로 보는 경우가 월등히 많아 겸손행동은 대인평가에서 중요한 한 가지 요인이 될 수 있음을 보여주었다(45, 61.6%). 그리고 변화가 없을 것이라는 응답이 그 다음으로 많았다(10, 13.7%). 관계성에서도 겸손행동만으로는 크게 영향을 받지 않을 것으로 보았으며, 관계성 자체에도 변화가 없을 것으로 보는 응답도 많았다(9, 12.3%). 그리고 오히려 거리감이 형성(9, 12.3%)되어 소원한 관계가 될 수 있다고 보는 응답도 있었다. 따라서 더 좋아지거나 좋은 인상을 형성하게 된다는 반응을 긍정적인 측면에서의 변화라고 보아, 긍정적 변화라고 명명하였고, 관계성에서 변화가 없을 것으로 본 것과 변화 자체가 없을 것이라고 보는 응답은 대인관계이든 개인적 인상이든 변화가 없을 것으로 보는 것에 초점을 두어 변화 없음 차원으로 명명하였다. 그리고 소수의 응답으로 거리감이 형성이 될 것으로 보는 응답이 있었으나, 특별하게 한 항목으로 분류할 만한 응답은 없어 거리감 형성 차원으로 하였다.

청소년과 성인 모두, 관계형성에 있어서 호의적이거나 그렇지 않은 경우로 양분이 되었으며, 인상형성에서도 긍정적인 측면과 부정적인 측면으로 구분되어 세대 간의 차이가 없음을 알 수 있었다.

11. 겸손언행 이후의 상대에 대한 인상형성에서의 변화

겸손언행을 하고 난 후, 그 사람에 대한 평가가 어떠하였는가에 대해서, 청소년은 좋게 생각(17, 18.7%)하거나 인상이 좋아지거나(13, 14.4%), 착한 사람(11, 12.2%)으로 보거나, 평가가 나아지거나(6, 6.7%), 존중(2, 2.2%)하는 겸손한 행동을 한 사람에 대한 긍정정인 평가가 내려진다는 응답이 많았다(49, 54.4%). 인상과 관련해서, 인상이 나빠진다(2, 2.2%)는 소수의 응답도 있었는데, 이는 부정적이기는 하지만 인상과 관련해서 응답한 것으로 보아 같은 인상형성 항목으로 범주화하였다. 그리고 다음으로는 예의바르다(11, 12.2%), 겸손하다고 생각하거나(4, 4.4%), 교육을 잘 받았다(2, 2.2%)고 보는 응답이었는데, 이는 예절성과 관련이 있다고 판단이 되어 예절성 차원으로 명명하였다. 다음으로는 친밀해지고(7, 7.8%) 서로간에 믿음과 신뢰가 형성(2, 2.2%)되고 서로 관심을 갖게 된다(2, 2.2%)는 응답이었는데, 이는 서로간의 관계와 관련된 응답이라고 생각이 되어 관계성 차원으로 명명하였다. 인상평가와 관련해서는 변화가 있거나(2, 2.2%) 변화가 없을 것(8, 8.9%)으로 본 응답도 많아 분명하게 어떠한 종류의 변화인지는 알 수 가 없어 항목화하지는 않았다. 그리고 소수 응답으로서 자신을 돌아보거나 하는 자아반성(1, 1.1%)의 응답도 있었다.

성인은, 긍정적인 변화를 일으킨다는 응답이 가장 많았다. 좋은 인상(30, 41.7%)을 일으키고 보다 인상이 좋아질 것(19, 26.4%)으로 본 응답이 전체 68.1%(응답 수-49)를 차지하여 긍정적 변화 차원으로 명명하였다. 그리고 대인평가상에 변화가 없을 것으로 본 응답도 22.2%(응답 수-16)나 되었다. 기타 소수 응답이 7개(9.7%) 있었다. 겸손행동으로 호의적이거나 좋은 방향으로의 변화가 있거나 아니면 없는 것으로 대부분 응답하였다.

청소년이 성인에 비해 더 다양한 응답을 보였으며, 이는 한 가지 겸손한 행동만으로 그 행동의 진심 여부나 솔직성 여부를 쉽게 판단하지 않은 것처럼, 성인은 어떠한 겸손행동 하나만으로는 다른 사람에 대한 평가나 두 사람 간의 관계에 큰 변화가 생기지 않을 것으로 판단한 것으로 사료된다.

12. 가까운 관계에서의 겸손언행을 하는 이유

가까운 사이에서의 겸손언행에 대해, 청소년의 경우, 가까워서 잘 아는 사이라서 겸손하게 행동한다는 응답과 그렇지 않다는 응답으로 양분되었다. 전체적으로 친하고, 가깝고, 잘 아는 관계는 친밀감과 관련이 있다고 판단이 되어 친밀감 차원으로 명명하였고, 그 하위분류로 다시 겸손행동을 하는 것과 그렇지 않은 것으로 구분하였다. 또한, 관계유지, 이해관계, 믿음과 신뢰로 인해 겸손행동을 한다는 응답과 불편해지니까, 거리감이 생길까봐 등의 이유로 겸손하게 행동하지 않는다는 응답으로 양분이 되었는데, 그 내용은 두 사람 간의 관계유지와 관련이 된다고 판단이 되어 관계유지 차원으로 명명하였다. 그리고 윗사람이라서, 예의를 지키기 위해, 인상관리상 겸손행동을 한다는 응답이 많았고, 필요가 없어서 안 한다는 응답도 있었는데, 이는 겸손언행을 해야 하는 개인의 자기 관리 차원과 관련이 된다고 판단이 되어 자기 관리 차원이라고 명명하였다. 마지막으로 소수 응답으로 대화내용이나 상황에 따라 판단한다고 보는 응답이 있었다.

성인의 경우도 가까워서 겸손하게 행동한다는 것과 겸손하게 행동하지 않는다는 것으로 동일한 이유로 행동이 달라졌다. 따라서 이러한 응답들은 겸손언행 행위자와 수용자 간의 거리와 관련이 있는 것으로 판단이 되어 대인간 거리 차원이라고 명명하여 보았다. 다음으로는 내면화된 생활과 예의나 개인의 성격이거나 연장자이어서 겸손한 언행을 하거나 예의를 차리지 않는 것으로 응답한 경우가 있었는데, 이는 사회의 가치가 개인의 가치로 내면화되어 개인의 행동에 영향을 미쳤다고 보아, 내면화된 규범 차원으로 명명하였다.

성인과 청소년 모두 친밀한 관계라서 겸손하게 행동하지 않는다는 응답이 겸손하게 행동한다는 응답보다 많았다. 따라서 친밀한 관계에서는 겸손하게 행동하지 않으며, 만약 겸손하게 행동한다면, 오히려 관계가 멀어질 것으로 보는 응답이 많았다. 이는 겸손행동이 친밀한 관계에서 이루어지는 것이라기보다는 친밀하지 않은 관계, 또는 좀더 친밀해져야 하는 관계에서 일어나는 행동임을 추론해 볼 수 있다.

13. 친구관계에서의 겸손언행을 하는 이유

친구관계에서 겸손하게 행동한 이유에 대해, 청소년들은 예의상(7, 8.3%), 이미지 관리(6, 7.1%), 친구에게 잘 보이기 위해서(5, 5.9%), 잘난 척한다고 할까봐(4, 4.8%) 친구에게도 겸손하게 행동한다고 응답하였다. 이러한 응답들은 행위자의 친구 앞에서의 자기 관리를 하기 위한 행동으로 판단이 되어 자기 관리 차원(22, 26.2%)으로 명명하였다. 다음으로는 친밀한 관계를 유지(7, 8.3%)하거나 상대를 배려(4, 4.8%)하기 위해서나 고마워서(2, 2.4%) 그리고 다른 사람으로 인해서(2, 2.4%) 겸손행동을 하거나, 또는 친밀하지 않은 관계(3, 3.6%)라서 겸손하게 행동하는 것으로 응답하였는데, 모두 공히 친구 간의 관계에 초점을 두고 한 응답이라고 판단이 되어 관계성 차원(15, 17.9%)으로 응답하였다. 다음으로는 개인의 정서적인 측면의 응답이었는데, 쑥스럽다(9, 10.7%)거나 부담스러워(4, 4.8%), 부끄러워

표 2-6. 가까운 사이에서의 겸손언행에 대한 청소년과 성인의
반응 수(백분율)

응답범주 및 유형	청소년	성 인
친밀감 차원	35(35.6%)	35(48.6%)
한다 - 가까울수록 더 잘해야 하니까	3(3.3%)	15(20.8%)
친밀감	4(4.4%)	
안 한다 - 이해하니까 잘 아니까	12(12.2%)	
친하니까	8(8.9%)	
가까워서	6(6.7%)	20(27.8%)
격의가 없어서	2(1.1%)	
관계유지 차원	27(27.8%)	
한다 - 관계유지	4(4.4%)	
고마우니까	1(1.1%)	
이해관계를 위해	1(1.1%)	
상대방 존중	1(1.1%)	
안 한다 - 재미로	7(7.8%)	
편하니까	6(6.7%)	
불편해지니까	3(3.3%)	
형식적인 것이 싫어서	1(1.1%)	
거리감이 생길까봐	3(3.3%)	
자기 관리 차원	18(18.9%)	17(23.6%)
한다 - 윗사람이니까	5(5.6%)	3(4.2%)
예의를 지켜야 한다	6(6.7%)	11(15.3%)
인상관리	2(3.3%)	
필요하니까	3(3.3%)	
여러 사람 앞이니까	2(1.2%)	
안 한다 - 필요 없어서		3(4.2%)
내면화된 생활		14(19.4%)
성격		5(6.9%)
대화내용, 상황	1(1.1%)	
그냥 안함	1(1.1%)	
기타	8(8.9%)	1(1.4%)
총 계	90(100.0%)	72(100.0%)

서(3, 3.6%) 그리고 창피해서(3, 3.6%) 겸손하게 행동한다고 응답하였다. 그리고 겸손한 적이 없다(14, 16.7%)거나 이유가 없이 당연한 행동(7, 8.3%)이라거나 칭찬해 주니까 그냥 한다(2, 2.4%)는 등의 응답도 있었으나 별도의 항목으로 분류하지는 않았다.

성인은 개인적인 특성(15, 21.7%)에 의해 할 수도 있고 그렇지 않을 수도 있다고 응답하였으며, 친구에게 겸손해야 한다는 것을 생각해 본적이 없거나(16, 23.2%), 가까울수록 오히려 겸손해야 한다고 보는 응답(10, 14.5%)과 주위를 의식해서 한다(9, 13.0%), 그리고 칭찬할 때(9, 13.0%), 의례적으로(5, 7.2%) 한다는 응답이 나왔다. 기타 항목으로 5개(7.2%) 응답이 있었다. 성인의 경우는 특별하게 많은 응답이 나온 항목이 없고, 비슷한 반응을 보였다.

14. 후배 혹은 동생과의 관계에서의 겸손언행을 하는 이유

후배들과 함께 있을 경우의 겸손언행에 대해서, 청소년들은 자신에 대한 좋은 인상을 주거나(9, 11.5%), 모범을 보이기 위해(8, 10.3%) 선배로서의 도리를 다하기 위해(3, 3.8%), 체면상(2, 2.6%) 또는 위엄을 보이기 위해(1, 1.3%), 그리고 사회적 지위 때문에(1, 1.3%) 겸손하게 행동한다고 응답하였다. 이러한 응답들은 모두 자신의 이미지를 관리하는 것으로 판단되어 자아관리 항목(24, 30.8%)으로 유목화할 수 있었다. 그리고 후배에 대한 배려(8, 10.3%), 후배, 동생이므로(6, 7.7%), 잘 모르기 때문에(5, 6.4%), 예의상(4, 5.1%), 신세를 졌거나(3, 3.8%) 또는 좋은 관계를 유지하기 위해(1, 1.3%) 겸손한 언행을 한다는 응답은 후배와의 원만한 대인관계 유지와 관련이 된다고 판단되어 관계유지 차원(27, 34.6%)으로 명명하였다. 그리고 후배에게 겸손하게 행동한 적이 없다는 응답도 25.6%(응답-20)나 되었으며, 기타 항목으로 7개의 응답이 있었으나, 따로 항목화하지는 않았다. 일반적으로 겸손한 언행이 자신을 고양시키기 위해서 하는 행동이라면, 후배보다는 선배나 윗사람 앞에서 행해지는 행동으로 볼 수 있다.

성인의 경우도 후배에게 모범을 보이거나(18, 27.7%) 이미지 때문에(6, 9.2%) 겸손하게 행동한다는 자기의 인상관리 차원(24, 36.9%)이 있었으며, 친하지 않을 경우(3, 4.6%)나 두 사람 간의 관계 때문에(6, 9.2%) 겸손하게 행동한다는 거리관계 차원(9, 13.8%)이 있었으며, 삼자가 있는 상황(5, 7.7%)이나 예의를 지키기 위해서(3, 4.6%) 겸손하게 행동한다는 타인 배려성 차원(8, 12.3%)도 있었다. 항목으로 분류하지 않은 응답 중 개인의 성격 때문이라거나(6, 9.23%) 후배 앞에서 겸손하게 행동한 적이 없다거나(9, 13.8%) 후배가 나보다 실제로 나은 점이 많아서(1, 1.5%), 쑥스러워서(2, 3.1%) 후배 앞에서 겸손하게 행동하였다고 응답하였다. 그리고 기타 소수 응답으로 6개(9.23%)의 응답이 있었다.

전체적으로 보면, 후배 앞에서 겸손하게 행동한 것은 자신을 고양시키거나 자신의 인상을 관리하기 위해서 한다는 것과, 다른 하나는 자신이 아닌 타인을 배려하거나 타인과의 원만한 관계유지를 위해서 겸손하게 행동한 것으로 볼 수 있다.

● 논 의

연구결과를 종합해 보면, 어떤 한 사회에서 중요하게 생각하는 가치와 규범은 사회화가 되는 과정 속에서 내면화되며, 개인의 사고와 행동에 영향을 미치게 된다. 우리 사회는 다른 사람들과의 원만한 인간관계, 윗사람에 대한 공경, 예의 등을 중시하는 문화이며, 이러한 가치체계를 실천적 행동으로 표현하기 위한 행위양식이 겸손행동임을 알 수 있다. 위의 내용분석결과를 토대로 하여 겸손행동의 특징을 구분해 보면 다음과 같다.

첫째, 겸손행동은 크게 자신의 잘난 점을 드러내지 않는 것이다. 자신의 성공이나 승리를 타인의 공으로 돌린다거나 자신의 잘난 점을 은폐함을 미덕으로 하고 있다. 예로부터 우리나라 사람들은 자신의 감정을 드러내지 않는 것을 미덕으로 삼아왔으며, 자신의 자식이나 배우자를 자랑하는 것을 삼불출로 여겼다. 자신의 잘난 점을 과장하거나 이를 자주 이야기하는 것, 상대방의 자존심을 상하게 하는 것 등이 모두 예의를 벗어난 행동이며, 관계의 유지에 걸림돌이 되는 것들로 보았다. 겸손하게 행동한다는 것은 자신의 자랑거리를 남에게 과시하지 않음으로써 상대의 자존심을 지켜주려는 배려인 것이라고 할 수 있다.

둘째, 겸손행동은 대인관계의 유지에 필수적이며 중요한 요소라는 것이다. 이러한 가치를 중요하게 여기게 된 배경에는 생태적인 측면과 고려시대 이래 우리의 사회적 가치와 개인의 행동을 규정짓는 기준이 되어온 유교의 영향이 있다고 하겠다. 사람들 사이의 원활한 의사소통과 유연한 대인관계가 이루어지기 위해서는 서로 간에 예의가 있어야 한다. 그 중요한 요소 중의 하나가 공손함이며 겸손함이라고 할 수 있다. 특히 의사소통의 초기단계에서 중요한 것은 상대방에게 친절을 보이고 수용적인 행위를 취하는 것이다. 그리고 상대방의 자존심을 부추기는 행위를 취하고 손상시키지 않아야 한다. 그러기 위해서는 상대방의 행동을 구속하는 표현보다는 상대방에게 부탁하는 식의 표현을 사용할 것이고, 상대방의 얼굴을 깎는 일을 삼가야 한다. 따라서 한국인에게 의례적인 행동이 많은 것도 이러한 맥락에서 이해할 수 있다(최상진, 김시업, 김은미, 김기범, 2000a, 2000b).

셋째, 겸손행동은 성격적인 측면이 있다는 것이다. 즉, 겸손한 언행이 자신을 드러내지 않고, 자신의 의견이나 생각을 주장하기보다는 타인을 배려한다는 점에서 소극적이며, 내성적인 속성이 내포되어 있다고 할 수 있다. 자신의 감정을 직접적으로 표현하기보다는 우회적으로 표현한다거나, 나의 마음을, 나의 심정을 타인이 스스로 파악해서 알아주기를 바라는 것이 한국인의 의사소통 방식이라고 할 때, 자신의 속마음을 드러내지 않는 것은 한국인의 성격을 설명하는 중요한 특징이라 할 수 있다. 이렇게 된 것에는 사회적 가치가 개인의 가치로 내면화가 되어 나타난 것이라고 할 수 있다.

초등학교의 도덕 교과서에서도 화목의 도모와 위계질서의 수용이 중요한 행동방식임을 보이고 있었다. 사적 대인관계의 영역에서 가장 중시하는 것은 화목과 권위의 수용으로 나타나고 있었으며, 공적인 영역에서 질서, 상부상조, 화목과 관련된 규범이 가장 많이 나타났다. 이들 규범들은 많은 사람들과 관계 맺는 생활에서 마찰과 갈등을 방지하는 역할을 하는 규범들로서, 학교생활을 확대된 가족생활로 제시하는 것으로 보았다. 가정에서건 학교에서건 모두 사이좋게 지내고, 어른을 공경하는 규범이 기술되고 있었으며, 당연히 이러한 사항들은 사회의 구성원이 아주 어린 시기부터 사회의 중요한 가치에 대한 내면화되는 일어나게 하는 데 결정적인 역할을 할 것으로 사료된다(한규석, 2000).

겸손한 언행 상황에서 그 행동이 의미를 갖기 위해 어떠한 형식을 띠고 제시되는 것이 사회적 의미가 있는가를 알아보기 위해, 각 겸손 상황과, 신체적 모습과, 마음이 우러나는 것을 지각할 수 있는 근거, 그리고 누구 앞에서 하는 행동인가 하는 상황적 맥락에 따라서 행위의 의도와 동기에서 어떠한 변화가 있을 수 있는지에 대해 알아보았다.

　겸손언행이 일어나는 상황에서는 거리가 있을 경우 그 거리에 대한 겸손행동과 일상적인 사회적 관계에서 일어나는 의례적인 겸손언행 상황과 사회적인 상황에서 불특정 다수에 대한 사회적 가치기준에 따르는 전형적인 겸손 상황이 있음을 알 수 있었다. 이러한 사회적 상황에 대한 겸손언행의 지각에서는 청소년과 성인 모두에서 유사한 점이 발견되었는데, 이는 아주 어린 시기부터 사회의 도덕적 규범가치의 내면화에 이러한 현상이 나타난 것으로 사료된다.

　한규석(2000)은 사회에서 권장되는 덕목을 알아보기 위해 초등학교의 초급학년에서 쓰이는 도덕 교과서에 나타나는 규범, 덕목들을 분석하였다. 즉, 아동은 출생 이후 사회화 과정에서 그 사회의 규범을 직・간접적으로 익히게 된다고 보았다. 그 내용을 보면, 윗사람(부모, 어른, 선생님)에 대하여는 순종, 공경, 인상 등의 위계를 수용하는 규범이 강조되고 있으며, 친구 사이에는 화목, 상부상조, 협력의 규범이 강조되고 있다. 친구 사이에 갈등이 생기는 경우에 이의 해결은 양보, 수용의 형태를 권장하고 있었다. 이러한 속성들이 유교의 기본 윤리체계에서 중요하게 여기는 항목임을 알 수 있다.

　따라서 예비연구 2에서 겸손 상황과 관계맥락을 고려하여 세 가지 유형의 겸손언행의 형식을 구분하여 보았다. 우선, 정전(正典)성 겸손언행에 관련되는 것이다. 사회・문화적인 가치가 개인의 가치로 내면화되었을 때, 어떤 특정 상황에서 적절한 사회적 행위의 표현은 의례적이고 당연시되는 경향이 있다. 그리고 개인의 욕구나 동기와는 상관없이 사회의 전형적 행동으로 규범화될 수 있다. 예를 들면, 방송인이 상을 받고 수상소감을 말하는 상황에서는 의례적으로 주변의 사람들의 덕분이었다고 고마움을 표현한다. 또는 운동선수들은 경기에서 승리한 후의 인터뷰에서 '팀원들의 도움 덕분'이라거나, 동료들이 도움이 되었다고 의례적으로 대답하는 경우를 흔히 접한다.

이러한 행동방식은 사회적으로 정해진 형태가 있는 정형성이 있는 행동이며, 의례적이면서도 사회적으로 당연시되는 행동이다. 그렇기 때문에 겸손언행을 행할 때, 의식하고 행동하는 것보다는 의식하지 않고 당연하게 그러한 것이라고 느껴지며, 자동적으로 행해지는 행동 형태를 띠는 것을 의미한다.

둘째, 상대고양 겸손언행이다. 겸손한 언행이 일어나는 관계를 살펴보면, 윗사람과의 관계에서는 지위나 연장자, 그리고 대인관계를 고려해서 행동하였으며, 친구와의 관계에서도 인간관계와 대인평가를 고려해서 행동하였으며, 아랫사람과의 관계에서는 자기 인상관리와 인간관계를 고려해서 행동하였다. 다른 사람과 상호작용을 할 때, 그들과의 원만한 인간관계를 우리는 중요하게 생각하며, 자신을 내세우기보다는 타인을 배려하는 것을 바른 행동으로 본다. 특히, 그 상대가 윗사람일 경우, 상대의 연령과 경험을 고려한 언행을 표현하게 된다. 예를 들면, 상을 받게 되었을 때, 특히 상대가 함께 있을 상황에서, 선생님께서 잘 가르쳐 주셔서, 또는 부모님이 잘 키워주셔서라고 표현하는 경우가 있는데, 이 경우가 여기에 해당된다. 자신의 본마음보다 상대의 입장과 체면을 배려하여 언행을 하는 것이다. 자신보다는 상대의 기분을 고양시킴으로써 결국에는 자신에 대한 호의적인 평가를 받기 위한 목적에서 표현되는 것이다. 이 경우는 상대와의 관계가 미래에도 유지될 가능성이 높다고 할 수 있겠다.

셋째, 자아고양 겸손언행이다. 모든 인간을 자신이 다른 사람들에게 나은 사람으로, 바람직한 사람으로 평가받고 싶어한다. 행위를 하되, 그 행위의 이면에는 그 행위개념에 적합한 마음, 즉 의도성이 존재한다. 이 의도성은 바로 자신에 대한 타인으로부터의 평가에 의존하게 된다. 따라서 사회에서 바람직하게 여기는 규범대로 행동하는 것은 자신을 타인에게 바람직하게 제시하는 하나의 방편이 된다. 결국은 규범대로 행동하는 행위자에게는 이익이 되는 것이며, 행위자 자신의 자아도 고양이 된다고 볼 수 있다.

또한, 친밀한 관계와 관련해서는, 친밀해서 겸손행동을 한다는 응답이 많았는데, 이는 친밀한 관계에서 겸손행동이 일어나지 않으며, 오히려 친밀하지 않아서, 미래에 자신의 이미지나, 평가를 좋게 보이기 위해서, 결국은 자신에게 이익이 되고자 하는 의도와 동기를 갖고 겸손행동을 하게 되는 것으로 판단되었다.

겸손한 언행이 일어날 때, 마음에서 우러나오는 진심 어린 행동에 대해서는 응답자들이 사회적으로 공유하는 심상구조를 갖고 있는 것으로 사료된다. 겸손한 자세나 표정에서 상당한 일치가 있었으며, 행위자의 마음이 담겨있는지에 대해 판단하는 것과 의례적인지 아닌지를 판단하는 것에 있어서도, 행동만으로 표현하지 못하는 부분을 설명해 줄 수 있는 다양한 자극들이 있었다. 특정한 상황맥락에서 상호간의 의사소통 과정 속에서 구성되는 겸손한 언행이 대인간에 의미가 있는 행동이 되기 위해서는 마음이 우러나는 것으로 행동하고 지각하는 것이 중요한 요인인 됨을 확인할 수 있었다.

마지막으로, 성인과 청소년의 겸손언행에 대한 상황지각, 관계맥락에서의 지각, 마음이 실린 행동에 대한 지각과 의례적인 행동에 대한 지각 등에서 차이가 발견되지 않음으로써, 청소년들도 사회의 가치와 규범에 대해 알고 있었으며 내면화한 것으로 판단되었다.

3. 본 연구

본 연구에서는 사회·문화적 규범행동으로서의 겸손한 언행 표현이 사회·문화적으로 구성된 것이라는 점을 확인하고자 하였다. 따라서 겸손한 방식으로 언행을 표현하는 것은 자신의 솔직한 마음속의 내용들을 표현한 것이 아니라, 사회적인 규범에 따르는 행동을 하고자 표현한 것이며, 그렇게 행동함으로써 자신에 대한 평가도 호의적으로 이루어질 것으로 예측하고 행하는 것으로 보고, 실험적으로 상황을 조작하여, 사회적 규범에 따르는 겸손언행의 측면을 살펴보고자 한 것이다.

● 방 법

본 연구는 시나리오상에서 제시된 귀인행동이 겸손한 행동이었는지와 그 행동이 솔직하게 표현한 행동이었는지를 확인함으로써, 겸손한 언행의 사회·문화적 기능과 의미를 알아보고자 하였다. 피험자는 경기도의 C대학과 충청남도의 M대학의 심리학 개론 수강생을 대상으로 하였다.

1. 실험 설계

실험 설계는 2(우리 집단, 남 집단)×2(성공, 실패)×6(집단 대 개인 노력, 집단 대 개인능력, 운, 과제의 난이도)의 요인방안으로 집단 내 설계(Between-Subjects Design)를 사용하였다. 남성 240명과 여성 240명이 참여하였고, 각 상황마다 남성 10명, 여성 10명의 피험자가 할당되었다. 우리·남 집단과 성·패, 그리고 귀인유형에 따라 12종류의 각기 다른 유형의 시나리오로 구성되었다.

2. 질문지의 구성

일의 성공과 실패에 대한 귀인을 할 때, 내적인 측면(능력과 노력)

과 외적인 측면(운, 과제의 난이도)을 공개적으로 표현하는 것을 겸손한 행동이었는지에 대한 질문과, 겸손한 언행을 하는 개인에 대한 평가적 차원과, 사회적 차원의 평가적 차원과 그러한 행동이 솔직하게 자신을 표현했다고 생각하는지를 평가하는 실험을 실시하였다.

사용된 시나리오는 TV 게임 프로그램에 출연한 우리 집단(나와 친한 친구들과)과 남 집단이라 할 수 있는 남 집단(철수와 친구들)이 승리하였을 때와 패배하였을 때, 각 집단 수행 결과에 대해 각각의 귀인방식으로 공개적으로 표현할 때를 가정하여 구성하였다.

1) 시나리오 구성

사용된 시나리오의 내용은 다음과 같다.

철수(남 집단/ 나 - 우리 집단)는 친한 친구 세 명과 함께 방송국에서 개최한 퀴즈 프로그램에 나갔다. 철수 팀은 계속 승리를 하여 최종 결승전에 나가게 되었다. 최종 결선에 나온 팀은 두 팀! 오늘 이긴다면 대망의 우승으로, 네 명 모두 다음 학기 장학금을 받게 된다.

퀴즈 게임은 시작되었고, 모두 15문제를 풀게 되어 있다. 14문제를 푼 결과 7 대 7! 이제 마지막 한 문제로 승패를 가르게 된다. 마지막 문제가 나오고, 철수는 문제를 듣자마자 벨을 눌러 답을 하였다. 정답이었다. ***철수네 팀이 승리한 것이다(성·패).***

철수는 우승 소감을 묻는 사회자의 질문에 답하기를, "내가 실력이 탁월해서 이긴 것 같습니다."라고 말했다.

시나리오에서 나와 철수로 행위자를 구분하여 나를 우리 집단으로, 철수를 남 집단으로 구분하였으며, 각 상황에서 승리한 경우와 실패한 경우, 그리고 우승 또는 실패의 원인에 대해 6가지의 귀인유형에서의 변화를 주어 시나리오를 구성하였다.

2) 질문 문항 구성

위의 시나리오 상황에 대해 각 문항마다 Likert형 5점 척도로 된 7개의 질문들이 주어졌으며, 피험자가 행위자의 귀인행동에 대해 생각하는 정도를 기입하게 하였다.

가. 행위의 겸손성 / 솔직성 평가

각 상황에서 행위자가 한 귀인행동이 겸손한 언행이었는지에 관한 문항(1번 문항)과 그 귀인행동이 솔직하게 소감을 표현한 것이라고 생각하는지에 대한 솔직성 문항(7번 문항)으로 구성되었다. 이들 문항들로 겸손언행이 사회 문화적 규범가치 행동이라고 판단하는지에 관해 알아보고자 하였다. 겸손한 언행에 대해 솔직하게 행동한 것이 아니라고 판단한다면, 그 행동은 사회의 규범가치에 따르기 위한 행동으로 볼 수 있다. 사회의 규범가치에 따르는 행동은 사회구성원으로부터 호의적인 평가를 받는다고 할 때, 자신의 본마음을 숨기고 사회적 규범에 따르는 것은 타인으로부터 자신에 대한 호의적인 평가를 고려하고 한 행동이라고 할 수 있다.

나. 친구 / 집단성원 / 사회 성원으로서의 적합성 판단

각 상황에서의 행위자가 한 귀인행동이 사회적 가치기준에서 얼마나 바람직한 행동인가에 대한 사회적 차원에서의 질문들로 구성하였다. 행위자가 친구로 사귄다면 얼마나 좋아할 것인지(2번 문항), 우리 사회에서 바람직한 사람인지(4번 문항), 자신이 속한 집단에 끼워주고 싶은지(5번 문항)에 대한 질문들 이었다. 이러한 것들은 사회적 차원에서의 겸손언행 행위자에 대한 사회적 가치기준을 알아보고자 한 것이었다. 성공과 실패 상황에서 겸손한 형태로 귀인행동을 하는 것은 사회적 차원에서 호의적인 평가를 받을 것이다.

다. 개인의 속성(인격성숙 / 예의)에 대한 판단

행위자가 한 겸손한 형태의 귀인행동에 대해, 그 행위자가 인격적으로 성숙한 사람인지(3번 문항), 예의가 바른 사람인지(6번 문항)에 대한 질문을 하여 겸손한 언행을 행하는 개인의 성격측면에 대한 평가가 어떻게 이루어지는가를 확인하고자 하였다. 이는 사회적 규범가치가 사회구성원들 개인의 가치로 내면화가 이루어진 것으로 볼 수 있다. 따라서 겸손 행위자와 수용자 모두, 겸손언행을 행하는 것에 대해 개인의 기질 차원으로 확장함으로써 개인에 대한 평가의 기준으로 작용하는 것을 확인하고자 하였다.

● 결 과

연구에서는 각각의 시나리오를 제시하고, 귀인한 행동이 얼마나 겸손하게 행동했는지와, 그러한 행동이 솔직하게 자신을 표현했다고 생각하는지를 5점 척도상에서 평가하도록 하였다. 척도상에 3점을 기준으로 하여, 상위점수는 긍정적인 평가로, 하위점수는 부정적인 평가로 구분하여 분석하였다.

1. 행위의 겸손성 / 솔직성 평가

각 귀인유형에 따른 겸손한 언행 평가에 대한 변량분석은 표 3-1에 제시되어 있다. 우리·남과 귀인유형 간($F_{(1,480)}=3.64$, $p<.01$)에, 귀인유형과 성·패 간($F_{(1,480)}=88.75$, $p<.001$)에 상호작용 효과가 있었다(그림 3-2, 그림 3-3을 참조할 것). 그리고 우리·남, 성·패, 귀인유형 간($F_{(1,480)}=3.21$, $p<.01$)에도 상호작용 효과(3 way interaction effect)가 있었다. 우리·남 집단 간에는 유의미한 결과

(F(1,480) = 6.01, p<.05)가 나타났으며, 귀인유형(F(1,480) = 7.70, p<.001)과 성패(F(1,480) = 35.78, p<.001)도 또한 유의미하였다. Scheffe의 각 귀인유형 간의 개별비교 결과 운과 나의 실력, 친구 실력, 나의 노력, 친구 노력 간에 유의미한 차이가 있었으며, 운으로 귀인한 행동일수록 더 겸손한 것으로 보았다.

각 귀인유형에 따른 겸손한 언행 평가의 평균과 표준편차를 살펴보면 표 3-2와 같다.

표 3-1. 귀인유형에 따른 겸손한 언행 평가에 대한 변량분석

	자승화	자유도	평균화	F값
우리·남	3.85	1	3.85	6.01*
성·패	22.97	1	22.97	35.78***
귀인유형	24.74	5	4.95	7.71***
우리·남 * 성·패	1.75	1	1.75	2.73
우리·남 * 귀인유형	11.69	5	2.34	3.64**
성·패 * 귀인유형	284.87	5	56.97	88.76***
우리·남 * 성·패 * 귀인유형	10.29	5	2.06	3.21**

p<.05, ** p<.01, *** p<.001

표 3-2. 귀인유형에 따른 겸손한 언행 평가에 대한 평균과 표준편차

		운	과제 난이도	나의 실력	친구 실력	나의 노력	친구 노력	총 계
우리	성공	3.65(.81)	3.15(.88)	1.90(.72)	3.85(.81)	2.00(.79)	3.75(.64)	3.05(1.11)
	실패	3.15(.99)	3.50(.61)	3.10(1.12)	1.75(1.21)	3.20(.95)	1.70(.80)	2.73(1.19)
	총계	3.40(.93)	3.33(.76)	2.50(1.11)	2.80(1.47)	2.60(1.06)	2.73(1.26)	2.89(1.16)
남	성공	3.80(.62)	2.75(.91)	1.65(.67)	3.90(.31)	2.10(.85)	3.75(.72)	2.99(1.13)
	실패	2.35(.75)	2.40(.82)	3.70(1.03)	1.45(.51)	3.40(.99)	1.30(.47)	2.43(1.19)
	총계	3.08(1.00)	2.58(.87)	2.68(1.35)	2.68(1.31)	2.75(1.13)	2.53(1.38)	2.71(1.19)

성공하였을 때, 운이나 과제 난이도로 행동의 원인을 귀인한 경우

112

는 겸손한 행동으로 평가되었으나, 실패하였을 때는 겸손하지 않은 행동으로 평가되었다. 행동의 결과를 친구 노력이나, 친구 실력으로 판단한 경우보다는 높았으나, 패배를 인정하기보다는 또 다른 요인 으로 귀인한 것으로, 또는 자신이나 친구의 노력이나, 실력의 통제범 위를 넘어서는 것으로 평가되어 이와 같은 결과가 나온 것으로 추정 해 볼 수 있다. 또한, 이는 우리 사회에서 행동의 정확한 원인이나, 결과에 대해 정확하게 판단해 봤을 때, 정확한 원인을 밝혔을 때, 다 른 사람들로부터 부정적인 평가를 받을 가능성이 있을 경우, 즉 귀 인의 정확한 원인을 밝히기 어려울 때 주로 사용하는 우리나라 사람 들의 대인관계 방식의 하나가 아닐까 생각해 볼 수 있다.

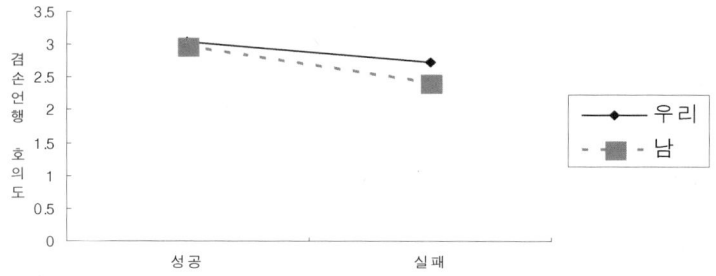

그림 3-1. 겸손언행에 대한 집단과 성·패 간 상호작용 효과

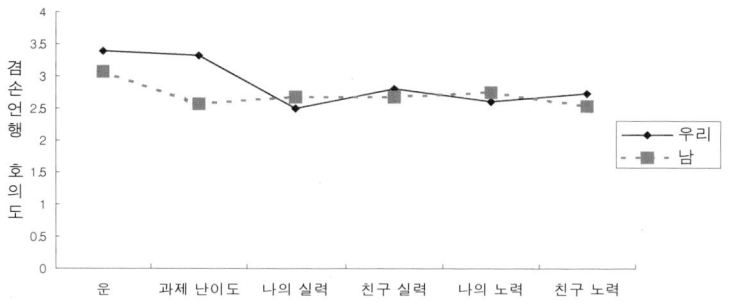

그림 3-2. 겸손언행에 대한 집단과 귀인유형 간 상호작용 효과

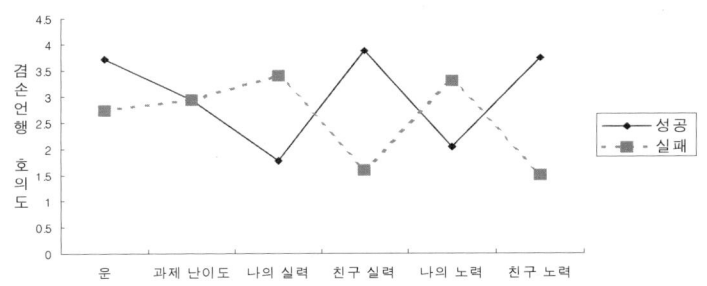

그림 3-3. 겸손언행에 대한 성・패와 귀인유형 간 상호작용 효과

솔직한 표현에 대한 변량분석 결과를 보면, 표 3-3과 같다. 우리・남 집단과 성・패($F(1,480) = 7.51$, $p<.01$), 그리고 성・패와 귀인유형($F(1,480) = 4.07$, $p<.05$)간에 상호작용 효과가 있었으나(그림 3-4, 그림 3-5를 볼 것), 우리・남 집단, 성・패, 귀인유형 간에는 상호작용 효과가 없었으며, 성・패($F(1,480) = 29.04$, $p<.001$)와 귀인유형($F(1,480) = 3.76$, $p<.01$)에서는 유의미하였다. 사후검증(Scheffe) 결과를 살펴보면, 운과 나의 실력 간에 유의미한 차이가 있었으며, 나의 실력으로 귀인하였을 경우 운으로 귀인한 것보다 더 솔직한 언행으로 평가하였다.

귀인유형에 따른 솔직한 언행 평가에 대한 평균과 표준편차는 표 3-4와 같다.

표 3-2와 표 3-4를 살펴보면, 성공을 외적으로 귀인하는 것이 더 겸손하게 평가될 것이라는 연구문제 1과 집단수행의 성공적인 결과를 집단성원들의 노력으로 귀인하는 것이 더 겸손하게 평가될 것이라는 연구문제 7은 확인되었다. 그리고 겸양편향을 보이는 행동은 솔직하게 표현한 행동이 아닐 것이라는 연구문제 9는 부분적으로 검증되었다. 실패한 행동의 원인을 내적으로 귀인하는 것이 더 겸손하

게 평가될 것이라는 연구문제 4도 확인되었다. 그리고 겸손한 방식으로 행동하는 것에 대한 평가가 남 집단보다 우리 집단에서 호의적일 것이라는 연구문제 9와 연구문제 10은 부분적으로 확인되었다.

표 3-3. 귀인유형에 따른 솔직성 평가에 대한 변량분석

조 건	자승화	자유도	평균화	F값
우리·남	1.00	1	1.00	.32
성·패	29.01	1	29.01	29.04***
귀인유형	18.77	5	3.75	3.76**
우리·남 * 성·패	7.50	1	7.50	7.51**
우리·남 * 귀인유형	7.24	5	1.45	1.45
성·패 * 귀인유형	20.34	5	4.07	4.07*
우리·남 * 성·패 * 귀인유형	8.40	5	1.68	1.68

* p<.05, ** p<.01, *** p<.001

표 3-4. 귀인유형에 따른 솔직한 언행 평가에 대한 평균과 표준편차

		운	과제 난이도	나의 실력	친구 실력	나의 노력	친구 노력	총 계
우	성공	2.50(.76)	3.50(1.05)	3.35(1.04)	3.20(.52)	3.65(.93)	3.25(.64)	3.24(.91)
리	실패	2.65(1.04)	2.75(.85)	2.70(.98)	2.35(1.09)	2.25(.97)	2.30(.98)	2.50(.99)
	총계	2.58(.90)	3.12(1.02)	3.03(1.05)	2.78(.95)	2.95(1.18)	2.78(.95)	2.87(1.02)
남	성공	2.65(.81)	2.95(1.05)	3.80(1.01)	2.65(.75)	3.75(.97)	2.70(.73)	3.08(1.01)
	실패	2.75(1.02)	2.55(1.15)	3.05(1.10)	3.05(1.36)	2.75(1.07)	2.90(1.45)	2.84(1.19)
	총계	2.70(.91)	2.75(1.10)	3.42(1.11)	2.85(1.10)	3.25(1.13)	2.80(1.14)	2.96(1.11)

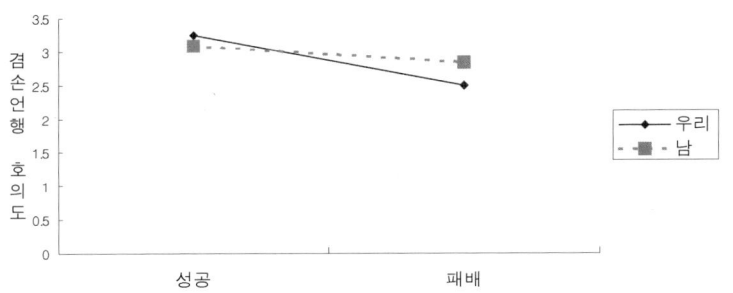

그림 3-4. 솔직성에 대한 집단과 성·패 간 상호작용 효과

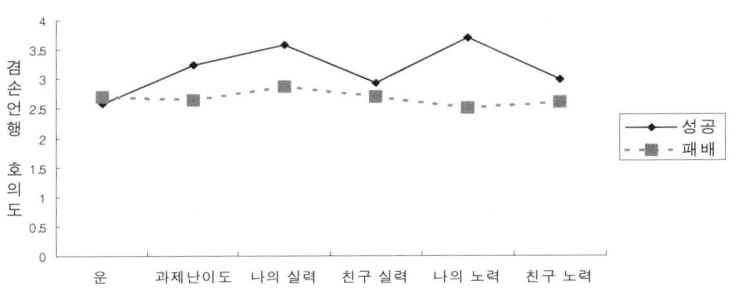

그림 3-5. 솔직성에 대한 성·패와 귀인유형 간 상호작용 효과

사회적 규범 차원에서 겸손한 행동과 그 행동을 정말로 솔직하게 자신의 마음을 표현하고 있다고 생각하는지를 위의 결과를 토대로 살펴보면, 우선, 겸손한 행동으로 보는 것과 그 행동을 솔직하게 표현한 것으로 보는지에 관한 것이다. 승리하였을 때 남 집단에서는 나의 노력, 나의 실력으로 귀인하는 것을 겸손하지 못한 행동이었으나 가장 솔직한 표현으로 나타났고, 친구 실력, 친구 노력, 운이 가장 겸손한 행동이었으나 솔직하지 못하게 행동한 것으로 평가되었다. 우리 집난에 내해서도 나의 노력, 나의 실력을 겸손하지 못한 행동

이었으나 솔직하게 표현한 것으로 보았으며, 그 외 친구 노력, 친구 실력, 문제 난이도로 귀인한 행동도 솔직한 것으로 보아, 우리 집단의 행동에 대해 전반적으로 긍정적인 평가가 나타났다.

패배하였을 때의 귀인유형에 대한 솔직성에 대해서는 전체적으로 솔직한 것으로 평가되었다. 남 집단의 경우 친구 실력 탓으로 귀인을 한 것을 가장 겸손하지 않은 행동으로 보았으나 이 경우가 가장 솔직한 것으로 평가되었고, 나의 실력으로 귀인했던 것이 가장 겸손한 것으로 여겨졌으나 가장 솔직하지 못한 것으로도 또한 평가되었다.

우리 집단의 경우는 전체적으로 긍정적으로 즉, 어떤 행동을 하더라도 사회적 규범의 차원에서 바람직한 것으로 평가되었으나 대체적으로 솔직하게 표현하지 않은 행동으로 평가되었다.

또한 성공과 실패를 운 때문이라고 표현하는 것이 겸손한가에 대해서 남 집단 - 우리 집단 간의 차이가 있었고(우리 집단 일수록 겸손, $F(1,480) = 6.78$, $p < .001$) 패했을 때 (운이 없어서 졌다)보다는 승리했을 때(운 때문에 이겼다)를 더욱 겸손한 것으로 나타났다 ($F(1,480) = 29.82$, $p < .001$).

결과적으로 보면, 겸손한 행동으로 보이는 것들이 실제로는 솔직하게 자신의 속마음을 표현한 것이 아니며, 오히려 겸손하지 않은 것으로 보이는 행동들이 솔직한 것으로 평가되었다.

2. 친구 / 집단성원 / 사회 성원으로서의 적합성 판단

사회의 구성원으로서의 바람직성에 대한 평가를 친구와 집단구성원 그리고 사회적 바람직성에 대한 차원으로 구분하여 알아보았다.

귀인유형 간의 변량분석 결과를 살펴보면, 친구로 사귀면 얼마나 좋아할 것인지에 대한 변량분석에서는 우리·남 집단 간, 성·패 간, 성별 간에 상호작용 효과가 있으며($F(1,480) = 4.08$, $p < .05$), 귀인소재

와 성·패의 상호작용 효과($F(1,480) = 40.79$, $p < .001$)도 있었다. 우리·남 집단 간에는 유의미한 결과($F(1,480) = 42.37$, $p < .001$)가 나타났으며, 귀인유형($F(1,480) = 8.27$, $p < .001$)과 성·패($F(1,480) = 22.22$, $p < .001$)도 또한 유의미하였다. Scheffe 검증결과를 살펴보면, 운과 친구 노력 간에 유의미하였으며, 운으로 귀인하였을 경우 더 친구로 사귀면 좋아할 것 같다고 평가하였다. 그리고 과제 난이도와 나의 실력, 친구 실력, 친구 노력 간에 유의미한 차이가 있었고, 과제 난이도로 귀인하였을 경우 더 친구로 사귀고 싶은 것으로 평가하였다.

　내가 속한 집단의 구성원으로 끼워줄 것인지에 대한 변량분석 결과를 보면, 성·패와 귀인유형($F(1,480) = 34.80$, $p < .001$) 간에 상호작용 효과가 나타났다. 우리·남 집단 간, 성·패 간, 귀인유형 간에 상호작용 효과가 나타났으며($F(1,480) = 2.64$, $p < .001$), 우리·남 집단 간, 성패 간, 성별 간, 귀인유형 간에도 상호작용 효과가 나타났다($F(1,480) = 3.26$, $p < .01$). 그리고 우리·남 집단 간($F(1,480) = 70.53$, $p < .001$), 성·패($F(1,480) = 14.20$, $p < .001$)가 유의미한 것으로 나타났고, 우리·남 집단과, 성·패 간($F(1,480) = 11.87$, $p < .001$)과 귀인유형 간(($F(1,480) = 4.68$, $p < .05$)에 주 효과가 나타났다. 사후검증 결과를 보면, 과제 난이도와 나의 실력, 친구 노력 간에 유의미하였으며, 과제 난이도로 귀인하였을 경우 가장 자신의 집단에 끼워주고 싶은 것으로 평가하였다.

　그리고 마지막으로 사회적 바람직성에 대한 변량분석표를 보면, 표 3-5와 같다. 성·패와 귀인유형 간에 상호작용 효과($F(1,480) = 36.75$, $p < .001$)가 있었으며(그림 3-6 참조), 우리·남 집단 간($F(1,480) = 3.86$, $p < .05$), 성·패($F(1,480) = 26.57$, $p < .001$)와 귀인유형 ($F(1,480) = 5.15$, $p < .001$) 간에 주 효과가 있었다. 사후검증 결과를 보면, 과제 난이도와 나의 실력, 친구 실력, 친구 노력 간에 유의미한

차이가 있었고, 과제 난이도로 귀인하였을 경우 가장 사회적으로 바
람직한 것으로 평가하였다.

표 3-5. 귀인유형에 따른 사회적 바람직성에 대한 변량분석

조 건	자승화	자유도	평균화	F값
우리 · 남	2.13	1	2.13	3.86*
성 · 패	14.70	1	14.70	26.57***
귀인유형	14.27	5	2.85	5.16***
우리 · 남 *성 · 패	1.63	1	1.63	2.95
우리 · 남 * 귀인유형	4.97	5	.99	1.79
성 · 패 * 귀인유형	101.65	5	20.33	36.75***
우리 · 남 * 성 · 패 * 귀인유형	5.02	5	1.00	1.81

* p<.05, *** p<.001

표 3-6. 귀인유형에 따른 사회적 바람직성에 대한 평가의평균과
      표준편차

		운	과제 난이도	나의 실력	친구 실력	나의 노력	친구 노력	총 계
우	승리	3.15(.59)	3.40(.68)	2.30(.66)	3.65(.59)	2.40(.60)	3.40(.94)	3.05(.85)
리	패배	3.05(.69)	3.40(.68)	3.10(1.02)	2.05(1.10)	3.10(.91)	2.20(.83)	2.82(1.00)
총 계		3.10(.63)	3.40(.67)	2.70(.94)	2.85(1.19)	2.75(.84)	2.80(1.07)	2.93(.93)
남	승리	3.30(.47)	2.85(.67)	2.30(.86)	3.35(.67)	2.85(.81)	3.55(.60)	3.03(.80)
	패배	2.45(.51)	3.10(.72)	3.20(.70)	1.90(.72)	3.05(.94)	1.70(.66)	2.57(.92)
총 계		2.88(.65)	2.98(.70)	2.75(.90)	2.63(1.00)	2.95(.88)	2.63(1.13)	2.80(.89)

그리고 각 귀인유형에서 친구로 사귄다면 얼마나 좋아할 것인지에
대한 평균과 표준편차는 다음과 같다. 승리하였을 경우, 남 집단에
대해서는 친구 노력(M=3.55, SD=.69), 친구 실력(M=3.45, SD
=.83), 과제 난이도(M=3.10, SD=.85), 운(M=3.35, SD=.75)으로
귀인한 경우는 친구로 좋아할 것으로, 나의 노력(M=2.55, SD=.76),

나의 실력(M＝1.95, SD＝.76)으로 귀인한 경우는 좋아하지 않을 것
으로 나타났으며, 우리 집단의 경우 친구 노력(M＝3.75, SD＝.64),
나의 노력(M＝3.10, SD＝1.02), 친구 실력(M＝4.00, SD＝.56), 과제
난이도(M＝3.70, SD＝.66), 운(M＝3.60, SD＝.82)의 경우 친구로서
좋아할 것으로 나타났으며, 나의 실력(M＝2.65, SD＝.99)으로 귀인
한 경우에는 좋아하지 않을 것으로 나타났다. 일반적으로 우리 집단
의 경우에 남 집단에 비하여 친구로 좋아할 것 같은 항목에서 좋은
점수로 나타났다. 이는 우리 집단의 구성원들이 바람직한 행동을 했
을 경우 그렇지 않은 집단이 했을 경우보다 더 긍정적인 평가를 하
는 것으로 볼 수 있다. 그리고 운이나 과제 난이도로 행위의 결과를
판단한 경우, 우리·남 집단 모두 긍정적으로 평가되었다.

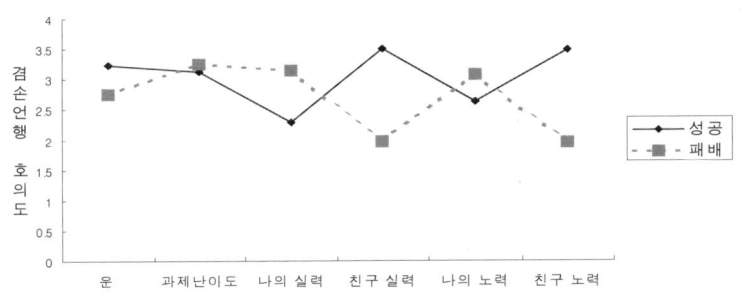

그림 3-6. 사회적 바람직성에 대한 성·패와
귀인유형 간 상호작용 효과

각 귀인형태에 대해 자신이 속한 집단에 끼워주고 싶은가에 대한
평균과 표준편차는 다음과 같다. 승리하였을 경우, 남 집단에 대해서
는 친구 노력(M＝3.85, SD＝.67), 친구 실력(M＝3.60, SD＝.82), 과
제 난이도(M－3.05, SD＝.94), 운(M＝.55, SD＝.76)으로 귀인한 경

우는 자신의 집단에 끼워주고 싶은 것으로, 나의 노력(M=2.60, SD =.75), 나의 실력(M=2.00, SD=.92)의 경우는 끼워주고 싶지 않은 것으로 나타났다. 우리 집단에 대해서는, 친구 노력(M=3.80, SD =.52), 나의 노력(M=3.35, SD=1.09), 친구 실력(M=3.90, SD =.64), 과제 난이도(M=3.80, SD=.62), 운(M=3.50, SD=.69)으로 귀인한 경우는 집단으로 끼워주고 싶다고 응답하였으며, 나의 실력 (M=2.60, SD=.94)으로 귀인한 경우에는 끼워주고 싶지 않은 것으로 나타났다. 전체적으로 우리 집단에서 호의적인 평가가 나왔으며, 집단으로 끼워주는 문제는 우리 집단에서는 나의 실력이라고 귀인한 경우만을 제외하고는, 귀인유형에 의해 크게 영향을 받지 않았다. 과제 난이도와 나의 노력 그리고 나의 실력으로 귀인한 경우 우리·남 집단 간 차이가 컸으며, 우리 집단에 대해서 더 자신의 집단으로 끼워주고 싶은 것으로 나타나, 우리 집단에 대해 더 호의적인 평가를 하였다.

각 상황에서의 귀인유형에 따른 행위자의 행동에 대해 우리 사회에서 바람직한 사람인가에 대한 결과는 표 3-6과 같다.

귀인유형에 대한 친구로서 좋아할 것인가에 대한 평가를 살펴보면 다음과 같다. 패배하였을 경우, 남 집단에 대해서는 나의 노력(M= 3.15, SD=.75), 나의 실력(M=3.35, SD=.93), 과제 난이도(M=3.10, SD=.72)로 귀인한 경우는 친구로서 좋아할 것으로, 친구 노력(M= 1.70, SD=.80), 친구 실력(M=1.95, SD=1.05), 운(M=2.55, SD =.60)으로 귀인한 경우는 좋아하지 않을 것으로 나타났다. 우리 집단의 경우는 나의 노력(M=3.50, SD=.76), 나의 실력(M=3.50, SD =.89), 과제 난이도(M=3.85, SD=.75), 운(M=3.60, SD=.60)으로 귀인한 경우는 좋아할 것으로, 친구 노력(M=2.00, SD=1.03), 친구 실력(M=2.30, SD=1.17)으로 귀인한 경우는 좋아하지 않을 것으로 나타났다. 과제 난이도와 운에서 우리·남 집단 간에 차이가 다른 귀인유형에 비하여 크게 났으며, 우리 집단에 대한 평가에서 더 호의적으로 판단하였으며, 여기에서도 운이나 과제가 어려워서 패배한 것으로 평가한 경우, 우리·남 집단 모두에서 승리하였을 때와 마찬가지로 친구로서 좋아할 것이라고 평가되었다.

같은 집단의 구성원으로서 끼워주고 싶은가에 대한 평가에서는, 패배하였을 경우 남 집단은 나의 노력(M=3.05, SD=1.19), 나의 실력(M=3.40, SD=.99)으로 귀인한 경우는 집단으로 끼워주고 싶으며, 친구 노력(M=1.55, SD=.76), 친구 실력(M=1.85, SD=.88), 과제 난이도(M=2.90, SD=.79), 운(M=2.55, SD=.69)으로 귀인한 경우는 같은 집단에 끼워주고 싶지 않은 것으로 나타났으며, 우리 집단의 경우, 나의 노력(M=3.70, SD=.86), 친구 실력(M=3.00, SD=1.21), 나의 실력(M=3.75, SD=.91), 과제 난이도(M=4.05, SD=.69), 운(M=3.70, SD=.86)으로 귀인한 경우는 집단에 끼워주고 싶은 것으로, 그리고 친구 노력(M=2.60, SD=.99)으로 귀인한 경우는 자신의 집단에 끼워주고 싶지 않은 것으로 나타났다. 우리 집단에서는 성·패에 따른 귀인유형에 따른 큰 차이가 나타나지 않았다. 친구 노력, 나의 노력, 친구 실력, 과제 난이도, 운의 경우 우리·남 집단 간 차이가 컸으며, 우리 집단의 경우 더 자신의 집단으로 끼워주고 싶은 것으로 나타났다.

패배하였을 경우, 사회적으로 바람직한 행동이었는가에 대해서는 표 3-6과 같다. 위의 결과를 보면, 성공을 외적으로 귀인하고 실패를 내적으로 귀인하는 것은 사회적 차원에서 호의적인 평가를 받을 것이라는 연구문제 3과 연구문제 6은 확인되었으며, 성공하였을 경우 집단수행으로 귀인한 경우와 실패하였을 경우 행위자 자신으로 귀인한 경우에 겸손한 언행으로 평가받을 것이라는 연구문제 7과 연구문제 8은 부분적으로 확인되었다.

5. 개인의 속성(인격성숙 / 예의)에 대한 판단

인격적 성숙과 관련하여, 변량분석 결과를 살펴보면, 표 3-7과 같다. 우리·남 집단과 성·패 간에(F(1,480)=5.65, p<.05), 그리고 성·패, 귀인유형 간의 상호작용 효과(F(1,480)=45.37, p<.001)가 있었으며(그림 3-7과 그림 3-9를 참조할 것), 우리·남 집단, 성·패, 귀인유형 간에도 상호작용 효과(F(1,480)=2.72, p<.05)가 있었으며, 성·패(F(1,480)=17.31, p<.001), 귀인유형(F(1,480)=5.26, p<.001)은 유의미하였다. Scheffe 검증결과를 보면, 운과 친구 노력 간에 유의미하였고, 운으로 귀인한 경우 더 인격적으로 성숙한 것으로 평가하였다. 그리고 과제 난이도와 나의 실력, 친구 노력 간에도 유의미한 차이가 있었으며, 과제 난이도로 귀인하였을 경우 더 인격적으로 성숙한 것으로 보았다.

표 3-7. 귀인유형에 따른 인격성숙에 대한 변량분석

조 건	자승화	자유도	평균화	F값
우리·남	1.63	1	1.63	2.77
성·패	10.21	1	10.21	17.31***
귀인유형	15.53	5	3.11	5.26***
우리·남 * 성·패	3.33	1	3.33	5.65*
우리·남 * 귀인유형	6.42	5	1.28	2.18
성·패 * 귀인유형	133.79	5	26.76	45.37***
우리·남 * 성·패 * 귀인유형	8.02	5	1.60	2.72*

* p<.05, ** p<.01, *** p<.001

표 3-8. 귀인유형에 따른 인격성숙에 대한 평균과 표준편차

	운	과제 난이도	나의 실력	친구 실력	나의 노력	친구 노력	총 계
우 승리	3.20(.70)	3.05(.83)	2.25(.97)	3.45(.83)	2.25(.79)	3.25(.79)	2.91(.93)
리 패배	2.25(.44)	2.95(.60)	3.30(.80)	1.85(.75)	3.00(.86)	1.65(.67)	2.78(1.09)
총계	3.20(.69)	3.30(.85)	2.58(.98)	2.73(1.24)	2.70(.97)	2.58(1.08)	2.85(1.02)
남 승리	3.40(.50)	2.65(.67)	2.05(.83)	3.65(.49)	2.45(.76)	3.55(.60)	2.96(.88)
패배	2.25(.44)	2.95(.60)	3.30(.80)	1.85(.75)	3.00(.86)	1.65(.67)	2.50(.93)
총계	2.83(.75)	2.80(.65)	2.68(1.02)	2.75(1.10)	2.73(.85)	2.60(1.15)	2.73(.93)

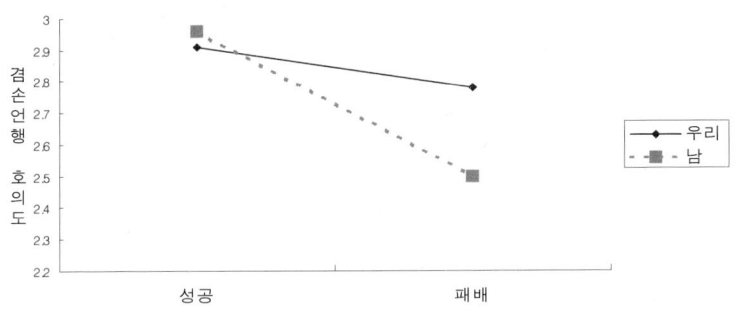

그림 3-7. 인격성숙에 대한 집단과 성·패 간 상호작용 효과

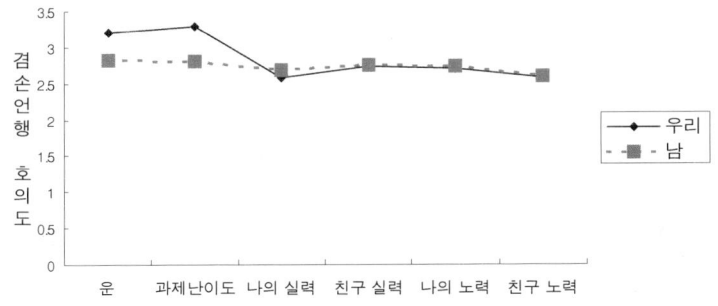

그림 3-8. 인격성숙에 대한 집단과 귀인유형 간 상호작용 효과

124

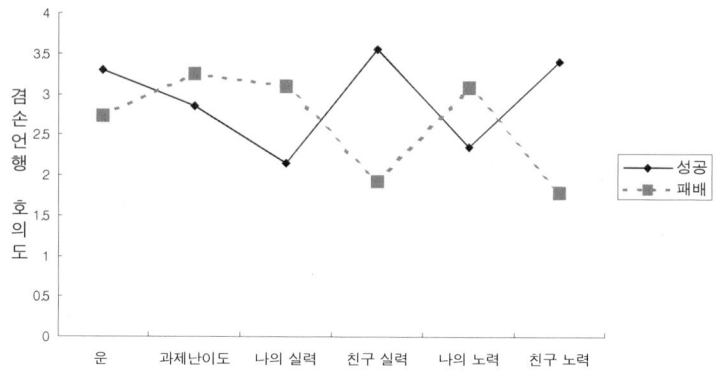

그림 3-9. 인격성숙에 대한 성·패와 귀인유형 간 상호작용 효과

예의가 있는 행동이었는가에 대한 변량분석 결과는 다음과 같다. 우리·남 집단 간과 성·패 간에 상호작용($F(1,480)$ =4.39, $p<.01$)이 있었으며, 성·패와 귀인유형 간에도 상호작용 효과($F(1,480)$ =42.71, $p<.001$)가 있었으며, 우리·남 집단 간, 성·패, 귀인유형 간에도 상호작용 효과($F(1,480)$ =3.71, $p<.01$)가 있었으며, 우리·남 집단 간, 성·패, 성·별, 귀인유형 간에도 상호작용 효과($F(1,480)$ =3.16, $p<.01$)가 있었다. 성·패($F(1,480)$ =14.04, $p<.001$), 성·별($F(1, 480)$ =4.39, $p<.05$), 귀인유형($F(1,480)$ =5.27, $p<.001$)이 유의미하였다. Scheffe 검증결과를 보면, 운과 나의 실력, 친구 노력 간에 유의미한 차이가 있으며, 운으로 귀인하였을 경우 더 예의가 있는 것으로 평가하였다. 그리고 과제 난이도와 나의 실력, 친구 노력 간에도 유의미하였으며, 과제 난이도로 귀인하였을 경우 가장 예의가 있는 행동으로 보았다.

귀인유형에 따른 개인의 인격성숙에 대한 평균과 표준편차를 살펴보면 표 3-8과 같다. 그리고 귀인행동에 대해 예의가 바른 사람인가에 대한 응답은 다음과 같다. 승리하였을 때, 남 집단은 친구 노력 (M＝3.55, SD＝.69), 친구 실력(M＝3.55, SD＝.69), 운(M＝3.70, SD ＝.57)으로 귀인한 경우는 예의가 바른 행동으로, 나의 노력(M＝ 2.40, SD＝.50), 나의 실력(M＝1.90, SD＝.72), 과제 난이도(M＝2.95, SD＝.76)로 귀인한 경우는 예의가 바르지 못한 것으로 보았으며, 우 리 집단에 대해서는 친구 노력(M＝3.25, SD＝.85), 친구 실력(M＝ 3.60, SD＝.94), 과제 난이도(M＝3.25, SD＝.97), 운(M＝3.20, SD ＝.89)으로 귀인한 경우는 예의가 바른 것으로, 나의 노력(M＝2.35, SD＝.88), 나의 실력(M＝2.05, SD＝.76)으로 귀인한 경우는 예의가 바르지 못한 행동으로 보았다. 운으로 귀인한 경우 우리·남 집단 간에 차이가 있었으며, 전체적으로 우리 집단의 귀인행동에 대해 더 예의가 바른 것으로 보았다.

패배한 경우, 인격적 성숙과 관련된 평가에서 평균과 표준편차는 표 3-8과 같다. 그리고 예의바른 행동인지에 대한 평가에서, 패배하 였을 때, 남 집단이 나의 노력(M＝3.20, SD＝1.01), 나의 실력(M＝ 3.55, SD＝.60)으로 귀인한 경우는 예의가 바른 것으로, 친구 노력 (M＝1.50, SD＝.61), 친구 실력(M＝1.95, SD＝.83), 과제 난이도(M ＝2.85, SD＝.93), 운(M＝2.35, SD＝.49)으로 귀인한 경우는 예의가 바르지 못한 것으로 보았고, 우리 집단에 대해서는 나의 노력(M＝ 3.15, SD＝.99), 나의 실력(M＝3.05, SD＝1.28), 과제 난이도(M＝ 3.40, SD＝.75), 운(M＝3.10, SD＝.79)으로 귀인한 경우는 예의가 바 른 것으로, 친구 노력(M＝2.25, SD＝.91), 친구 실력(M＝2.00, SD＝ 1.21)으로 귀인한 경우는 예의가 바르지 못한 것으로 보았다. 친구 노력, 과제 난이도, 운에서 집단 간 차이가 있었으며, 전체적으로 우 리 집단의 귀인유형에 대해서 더 예의가 바른 것으로 보았다.

따라서 성공을 외적으로 귀인하고, 실패를 내적으로 귀인하는 섯은 행위자의 개인적 차원에서 호의적인 평가를 받을 것이라는 연구문제 2와 연구문제 5는 확인되었으며, 성공에 대한 귀인을 집단수행으로 하고, 실패하였을 경우 행위자에게 귀인하는 것이 겸손한 언행으로 평가될 것이라는 연구문제 7과 연구문제 8도 확인할 수 있었다.

● 논 의

본 연구는 대학생들을 피험자로 하여 겸손행동의 사회심리학적 기능을 알아본 것이다. 젊은 연령층에서도 사회적 규범행동으로서의 겸손행동의 여러 가지 특징에 대해 많은 것을 공유하고 있음을 확인할 수 있었다. 겸손한 언행이 실제로 어떻게 우리 사회에서 개인적으로 그리고 사회적으로 어떻게 평가받고 있는지에 대해 다양한 시나리오 상황을 조작하여 알아보았다.

각 상황에 대해 피험자들은 사회적 가치규범에 따르는 행동에 대해 호의적인 평가를 보였으며, 그렇지 않은 행동에 대해서는 호의적이지 않았다. 즉, 자신이 속한 집단의 성공적인 결과에 대해서는 집단의 노력이나 능력으로 귀인한 겸손한 형태의 귀인행동은 겸손한 행동이라고 보았으며, 사회적으로도 바람직한 행동이며, 친구로 사귀게 된다면 좋아할 것이며, 같은 친구집단에 끼워주고 싶으며, 예의가 바른 사람이며, 인격적으로도 성숙한 것으로 보았다. 그러나 이러한 겸손언행의 귀인형태는 사회적, 개인적, 대인관계 측면 모두에서 바람직하고 호의적으로 평가되었으나, 실제로는 솔직하게 자신의 속마음을 표현한 것이 아니며, 오히려 자신이 속한 집단의 성공적인 결과에 대해 자신의 노력이나, 집단의 노력으로 귀인한 경우는 겸손하지 않은 행동이라고 평가되어, 사회적으로나 개인적 평가 측면과 대인관계 측면에서 모두 부정적으로 보았으나, 이러한 행동들이 솔직하게 자신의 마음을 표현한 것으로 평가되었다.

또한 자신이 속한 집단이 패배하였을 경우에는 나의 노력이나 나의 능력이 부족하여 그러한 결과가 나타났다고 귀인한 것이 겸손한 행동으로 평가되었으며, 개인적 차원이나 사회적 차원에서 모두 겸손한 행동으로 평가되었으나, 이는 솔직하게 자신의 마음을 나타내지 않은 행동으로 보았다. 그리고 집단의 노력이나 집단의 능력 부족으로 귀인한 것이 겸손하지 못한 것으로 평가되었을지라도 오히려 솔직하게 표현한 행동으로 평가되었다.

이는 역으로 생각해 보면, 솔직하지 않은 언행인 줄 알면서도 겸손한 행동을 하는 사람에 대해서는 개인의 성격측면과 사회적 측면에서 모두 긍정적이고 호의적인 평가를 하며, 솔직한 언행이지만 겸손하지 않은 행동을 하는 사람에 대해서는 부정적인 평가를 하였다. 이것은 우리가 자신의 판단을 그대로 드러내기보다는 다른 사람을 배려하는 입장에서 행동하는 것을 바른 행동으로 간주하며, 다른 사람들과의 원만한 인간관계를 유지하는 것을 바람직한 행동으로 보는 사회의 가치기준과 일치한다고 볼 수 있다.

귀인유형에 따른 평가에서의 남·녀 간의 성차를 호의적으로 평가한 것을 기준으로 하여 살펴보면, 성공하였을 경우, 남성은 운에 귀인하였을 때 인격성숙을 제외한 모든 유형에서 여성보다 호의적으로 평가하였으며, 과제 난이도로 귀인하였을 경우에도 친구로서 더 좋아할 것으로 평가하였다. 친구 노력으로 귀인하였을 때는 친구로 좋아할 것이며, 집단에 끼워주고 싶을 것이며, 사회적으로 바람직한 행동이라고 평가를 하여 여성보다 사회적 가치에서 더 높게 평가하였다. 친구 실력으로 귀인하였을 때는 사회에서 바람직한 행동에서만 여성보다 더 호의적이라고 보았다. 그리고 솔직한 표현인가에 대해

128

서는 과제 난이도와 나의 실력으로 귀인하였을 때 여성보다 더 솔직한 행동으로 평가하였다.

여성은 친구 실력으로 귀인하였을 경우 솔직한 표현을 제외한 모든 차원에서 남성보다 호의적으로 평가하였다. 친구 노력으로 귀인하였을 경우 겸손한 행동이며 친구로 끼워주고 싶으며, 인격적으로 성숙하였으며 예의가 있다고 보아 남성은 사회적 차원에 대한 평가가 호의적이었던 반면, 여성은 개인적 차원에 대한 평가에서 호의적으로 나타났다. 나의 노력으로 귀인하였을 경우에는 친구로 끼워주고 싶다고 보았으며, 과제 난이도로 귀인하였을 경우에는 집단에 끼워주고 싶으며, 사회적으로 바람직하다고 보아 여성보다 사회적 가치에서 호의적으로 보았다. 운으로 귀인하였을 경우에도 인격적으로 성숙하였으며, 예의가 있는 것으로 보아 개인적 차원에 대한 평가에서 호의적으로 보았다. 그리고 여성은 나의 노력으로 귀인하였을 때를 솔직한 표현이었다고 보았다. 따라서 성공하였을 때의 겸손한 언행 표현에 대해 남성은 사회적 차원에 대한 평가가 호의적이었으며, 여성은 개인적 차원에 대한 평가에서 남성보다 호의적이었음을 확인할 수 있었다.

패배하였을 경우 남성은 과제 난이도로 귀인하였을 경우 사회적 차원에서 호의적인 평가를 하였으며, 나의 노력으로 귀인하였을 경우는 겸손한 언행이며, 친구로 끼워주고 싶은 것으로 평가하였다. 그리고 나의 실력으로 귀인한 경우에는 집단에 끼워주고 싶다고 하였다. 패배 상황에서의 겸손언행에 대해 사회적 차원에서의 평가에서 여성보다 호의적으로 지각하였다. 남성은 실패하였을 경우 나의 실력으로 귀인하였을 경우 솔직한 표현이라고 보았다.

여성은 나의 실력과 나의 노력으로 귀인하였을 경우 모든 문항에서 남성보다 호의적으로 평가하였으며, 운으로 귀인하였을 경우에는 집단에 끼워주고 싶은 것으로 그리고 과제 난이도로 귀인하였을 경우에는 예의 있는 행동으로 보았다. 그리고 솔직한 표현에 대해서는 친구 실력으로 귀인하는 것이 가장 솔직한 표현이라고 보았다. 따라서 실패 상황에서는 여성은 겸손한 언행에 대한 평가에서 남성보다 비교적 분명하게 호의적으로 나타나, 남성이 여성의 평가보다 더 복잡한 인지처리를 하는 것으로 추측해 볼 수 있다.

겸손언행에 대한 남·녀 간의 차이를 확인해 보면, 남성과 여성의 귀인행동에 대한 평가에서도 사회적 규범에 따르는 행동에 대한 호의적인 평가가 나타났으며, 남성은 실력과 관련되는 귀인에, 여성은 노력과 관련되는 귀인행동에 대해 호의적인 평가를 하였으며, 운에 대한 귀인에서 남성은 여성보다 더 다양한 상황에서 호의적인 평가를 보였는데, 이는 남성은 성공하였을 경우, 자신의 실력이나 노력으로 귀인하고자 하는 내면의 욕구를 우회적으로 표현하기 위한 방식의 하나로 볼 수 있다.

겸손이나 겸양이라는 말은 사실과 다르게 자신을 낮추는 것을 말한다. 그러나 겸손이라고 인식되는 순간, 즉 다른 사람들이 잘해서 좋은 결과가 나타났다고 행동의 결과를 귀인하는 것은 다른 사람을 고양시키는 행동으로서, 우리 문화에서는 이러한 현상이 "의례적인" 표현임을 확인할 수 있었다. 이러한 행동의 원인은 우리나라에서는 겸손을 미덕으로 여기는 사회 문화적 규범이 있기 때문이라고 보인다. 사회적으로 중요한 것으로 간주되는 규범이나 가치는 개인의 가치체계나 규범체계로 내면화되며, 이러한 것은 행동을 통해 표현하게 된다. 윗사람에 대한 예와 공경을 중요하게 여겼던 우리 문화에서는 이러한 가치가 겸손행동으로 내면화된 것이라 할 수 있다.

결과적으로 보면, 겸양편향 현상이 나타났다. 따라서 겸손으로 인식되게 만드는 타인고양 편향현상은 외적으로는 타인고양 편향일지라도 결과적으로는 자아고양 편향이라고 할 수 있다. 물론, 이러한 겸양편향은 개인주의자들이 보기에는 일종의 자기 증진의 한 책략이라 할 수도 있다(Cialdini & De Nicholas, 1988; Markus & Kitayama, 1991a; Taylor 등 1994). 그러나 집합주의자들에게 있어서 '이러한 타인고양편향은 심리적으로 진실한 자기 지각을 반영하거나 또는 이에 수반되는 것이다'(Markus & Kitayama, 1991a). 즉, 개인주의자들에게는 능력의 탁월성이 자존심의 근거이기 때문에 자연스럽게 자기 고양 행동이 유발되지만, 집합주의자들에게는 사회관계속에서의 조화의 유지가 자존심의 근거이기 때문에 겸양을 통한 자기 조절과 억제행동이 자연스럽게 유발된다고 볼 수 있다. 우리나라 사람들에게는 적어도 겸손행동을 한다는 것은, 그 행동의 이면에 문화적인 가치체계에 영향을 받아 결국은 자신을 고양시키고자 하는 동기와 욕구를 갖고 있으며, 의례적으로 겸손행동을 하는 것으로 볼 수 있다. 우리나라 사람들의 행동 중에 의례적인 행동이 많은 것도 이러한 견지에서 이해될 수 있다. 따라서 본 연구에서는 겸손언행이 행동으로는 겸양편향적이라도 의도와 동기에서는 개인의 자아를 고양하기 위해 행하는 이기적 편향임을 확인해 보았다는 것에서 의미가 있다고 하겠다.

종합논의

　지금까지의 연구들을 종합해보면, 한국인들은 사회규범적 행동에 대한 공유된 인식체계를 가지고 있음을 확인할 수 있었다. 예비연구 1에서 보는 바와 같이, 겸손한 언행을 했을 때와 하지 않았을 때 그 행위자에 대한 지각에서의 판단은 비교적 뚜렷하게 나타났다. 겸손한 행동에 대해서는 사회의 가치에 따르는 바람직하고 호의적인 행동으로 본 반면, 겸손하지 않은 행동에 대해서는 그렇지 않은 것으로 보고 있다. 사회의 가치에 따르는 행동을 하는 사람에 대해서는 긍정적인 평가가 내려지고, 그렇지 않은 경우에는 부정적인 평가를 하게 된다. 겸손언행의 속성은, 자기를 드러내지 않음, 원만한 대인관계 유지, 그리고 겸손언행을 하는 개인의 성향으로 구분해 볼 수 있었다.

　겸손함은 자신의 잘난 점이나 성공에 대해 밖으로 드러내지 않고 자신을 낮추는 언행이다. 개인의 특출함을 드러내는 것에 대해 호의적인 평가를 하지 않는 사회적 환경으로 인해 이러한 행동이 나타난 것으로 보인다. 개인은 사회적 기준에 맞는 언행을 함으로써, 그 사회에서 바람직한 사람으로, 그리고 호의적인 평가를 받을 수 있게 된다. 이것은 개인이 성장하는 과정 속에서의 교육과 환경의 영향으로, 지속적인 강화를 받음으로써 형성될 수도 있으며, 또 개인이 접촉하는 사람들로부터 호의적인 평가를 받고자 하는 개인의 동기로 인해 나타날 수도 있다. 이는 겸손한 행동이 원만한 대인관계를 유지하기 위해서 하는 행동이며, 사회적인 시선 때문에 겸손하게 행동한다는 응답에서 추론해 볼 수 있다. 그리고 겸손한 사람의 개인적 성향이 있다고 보았는데, 즉 책임감 있는 사람이며 예의가 바른 사람이라는 판단은 사회적 규범가치가 개인의 가치로 내면화가 되어 나타나는 현상으로 보인다.

예비연구 2에서는 사회적으로 의미 있는 행동인 겸손언행이 행해질 때, 그 행동이 의미가 있기 위해서는 어떻게 제시되어야 하며, 상하관계에서 겸손언행이 행해질 때 어떻게 다른 의도를 가지고 표현이 되는지에 대한 겸손언행의 형식성에 대해 알아보았으며, 세대 간에 이러한 겸손언행의 사회적 의미와 표현양식에서의 차이를 알아본 결과, 세대 간의 차이는 크지 않음을 알 수 있다. 특히 성인들의 경우 예의와 관계 차원에서 겸손언행을 의미 있는 행동으로 보고 있고, 청소년들의 경우 자기 자신과 관련된 인상관리나 자기 제시 측면에서 겸손언행의 의미가 활성화되고 있다고 할 수 있다.

겸손언행이 표현될 때, 그 행동이 의미가 있는 행동이 되기 위해서는 마음에서 우러나오는 행동이어야 하며, 마음에서 우러나오는 행동임을 판단할 수 있는 다양한 부언어적인 정보들, 즉 얼굴 표정과 몸짓에 대해 응답자들이 공유하고 있는 심상이 있음을 확인할 수 있었다. 그리고 상하관계에서 있을 수 있는 겸손언행의 의미를 확인해본바, 윗사람에 대한 겸손언행은 윗사람의 지위 때문에 행한다고 하여, 상대의 입장이나 체면을 고려해서 행하는 겸손이었다. 아랫사람일 경우에는 자신을 좋게 보이기 위해서나 모범을 보이기 위해서 행한다고 하여, 자신의 자아를 고양시키기 위한 겸손이었다.

그리고 친밀한 관계에서도 겸손행동을 해야 한다는 응답과 겸손행동을 하면 관계에 손상이 오는데, 친밀한 관계라서 겸손하게 행동하지 않는다고 보는 응답이 많았다. 따라서 겸손은 적당한 관계, 사회에서의 인간관계일 경우, 자신의 이익을 위해서나 자신을 잘 보이기 위해 하는 행동임을 알 수 있었다.

본 연구에서는 겸손언행의 사회의 규범에 대한 의미와 가치가 우리집단성원 혹은 남 집단성원인가에 따라 차이가 있는지에 대해 알아보았다. 또한 성공과 실패에 따른 행동의 귀인에서의 집단 간 차이를 확인할 수 있었다. 그리고 겸손행동은 사회의 규범적 가치에 따르기 위한 실천적 표현방식의 한 가지 방법임을 확인할 수 있었다.

성공에 대해서는 다른 사람들이 잘해서 성공한 것이라거나 실패에 대해서 자기 은폐 귀인을 하는 것에 대해서는 겸손한 언행이라고 지각하였고, 사회적으로 바람직한 행동이며, 개인에 대해서도 예의가 있는 사람으로 평가하였다. 그러나 이러한 행동이 솔직하게 자신의 마음을 표현한 것으로 보지는 않아, 겸손행동이 본마음보다는 사회적 요구에 의해 행해지는 것임을 알 수 있었다. 이와는 반대로, 성공하였을 경우 자신의 탓으로 귀인을 하거나, 실패하였을 경우 다른 사람들의 탓으로 귀인하는 행동에 대해서는 겸손하지 않으며, 사회적으로 바람직하지 않으며 예의도 없다고 보았으나, 이 행동이 솔직하게 자신을 표현한 것으로 판단하였다. 따라서 사회·문화적인 규범행동이 개인의 행동 의미와 판단에 어떻게 영향을 미칠 수 있는지를 확인하였다.

그리고 분명하게 자신의 성과를 자신의 탓으로 돌리기가 사회적으로 어렵거나, 실패를 남의 탓으로 돌리기도 어렵고 다른 사람들 때문으로 귀인하기 어려울 경우, 운으로 행동의 성과를 귀인함으로써, 행동의 결과에 대한 올바른 판단과는 상관없이 다른 사람들로부터의 사회적 평가를 고려해서 한 언행으로 생각해 볼 수 있다. 따라서 운으로 귀인하는 것이 다른 사람들로부터의 부정적인 평가를 피할 수 있는 독특한 귀인양식의 하나로 판단된다.

이러한 결과들을 종합해 볼 때, 1차 예비연구에서는 대학생들을 대상으로, 2차 예비연구에서 고등학생과 성인들을 대상으로, 본 연구에서는 대학생을 피험자로 하여 연구해 본 결과, 한국 사회에서 중요하게 생각하는 가치와 규범은 세대 간에 사회화의 과정을 통해서 내면화되고 행동으로 표출되고 있으며, 그러한 사회규범적 언행의 의미를 공유하고 있다는 것을 확인할 수 있었다. 따라서 상대방의 위치와 자신과의 관계 속에서 상대방에 대한 배려 및 이에 대한 예를 갖춘 행위는 개인적으로나 사회적으로 바람직한 것으로 평가되고 있었다. 또한 이러한 언행의 양식은 수평적 관계에서도 활성화되고 있는데, 우리 집단에 대한 가치부여는 또 다른 한국문화의 관계주의적 성향을 드러내고 있다고 할 수 있다.

그러나 문화적인 규범 행위양식은 그 문화권에서 통용되고 있고, 동기적인 측면과 기능적인 측면을 포함하는 의도성을 내재하고 있어 '마음이 실린' 행위로 나타났을 때는 문화적 의미를 내포하고 있다고 할 수 있다. 따라서 상대방에 대한 배려와 자신의 위치를 고려한 관계 속에서 자신의 마음을 전달하는 규범적 언행을 했을 때 그 언행자에 대한 평가는 그 개인에 대한 평가 및 관계 그리고 사회적 차원의 평가에서 바람직성을 부여받게 된다. 집단의 가치를 고양시키고 다른 사람과의 관계를 중요시하는 한국인들의 겸손언행은 내면화된 가치와 사회화의 과정 속에서 문화화된 행위양식이며, 이러한 행위는 행위 당사자와 행위 수용자에게 의미 있는 활동으로 표출된다고 할 수 있다. 따라서 한국인의 겸손언행은 문화적 행위양식인 동시에, 문화 보편성을 띠고 있는 행동이라고 할 수 있다.

우리나라를 위시한 동양권의 문화에서의 피험자를 대상으로 한 연구에서 보면, 서양의 이기적 편향 현상과는 다른 결과들이 얻어졌다.

대부분의 연구자들은 이러한 결과를 동양의 사회·문화적 중심가치에서 그 원인을 찾고 있다(Markus & Kitayama, 1991; Triandis, Bontempo, Villareal & Asai, 1988; Yamaguchi, 1988). 이러한 연구들은 성공과 실패과제를 주고 그 행동의 원인을 어떻게 귀인하는지, 즉 겸손한 형태로 귀인하는지 그렇지 않은지에 대해, 동양권에서는 겸손한 방식으로 표현한다고 결론지었고, 일부의 연구(김혜숙, 1995; Bond, Hewstone, Wan, & Chui, 1985)는 익명 상황과 비익명 상황을 조작하여, 상황적 압력이 제거된 상태에서의 행동을 살펴봄으로써, 익명상황과 비익명 상황에서 피험자들의 반응이 다르게 나타난 것을 근거로 하여 겸양적 표현이 사회·문화적인 가치 때문에 행해진다고 결론을 지었다. 물론 이러한 연구도 사회·문화적 특성을 고려한 연구결과라는 점에서는 의의가 있다.

그러나 인간의 행동은 밖으로 표현이 될 때, 동일한 행동으로 표현된다고 하더라도 그 내면의 심리적 작용은 다르다고 할 수 있다. 또한 상황적 맥락에 따라 미묘한 행동 표현이 있으며, 실제로 우리의 행동과 의도에 영향을 미치는 것은 행위자와 수용자가 즉각적인 상호작용 속에서 이루어지는 상황맥락이다. 특히 우리 문화권에서는 사람들의 마음이 우러난 행동인지 아닌지가 대인관계 형성과 유지에 중요한 영향을 미치고 있음을 고려해 볼 때, 이러한 마음 표현이나 진심표현을 행위자가 하고 수용자가 받아들이는 과정이 대인 상호작용 과정에서 그 행동의 의미가 구성되어짐으로써 관계형성에 결정적인 영향을 미칠 수 있다. 본 연구에서도 겸손언행을 하는 행위자의 마음 표현에 대한 수용자의 수용이 중요하게 작용함을 확인하였다.

따라서 본 연구에서는 단순하게 표현된 행위를 가지고 연구자가 추론한 것이 아니라 행위표현 이면의 여러 가지 속성에 대해 알아봄으로써, 겸손한 언행을 한다는 것은 겸손언행자의 탁월함과 능력을

인정받을 수 있는 기능을 함축하는 행위라는 것을 확인하였다. 다시
말해, 겸손한 언행 표현을 할 경우에, 행위자는 그 행동을 함으로써
발생할 수 있는 여러 가지 결과들에 대해 알고 겸손하게 행동하며,
상대가 자신의 행동에 대해 어떠한 반응을 보일 것인지를 이미 알고
하는 행동이다. 이에 대해 수용자는 행위자의 행동 이면에 있는 행
동 의도와 목적을 알고 행위자를 대하며, 또한 행위자의 동기와 의
도에 적절하게 대응한다. 결국, 사회·문화적인 규범행동으로서의 겸
손언행은 본래의 그 행위 목적과 행위자가 자신을 좋게 보이고, 평
가 받고자하는 동기와 의도가 암묵적으로 내포하고 행해지는 행동이
고 수용자는 행위자의 그러한 의도를 알고 그것에 대응하여 행동하
고, 행위자를 평가한다. 따라서 한국문화에서의 사회규범적 행위양식
인 '겸손'언행의 표현은 겸양적 표현이라고 하더라도, 이면의 기능에
서는 서구 사람들의 이기적 편향(self-serving bias) 현상과 같은 의
미를 내포하고 있다고 할 수 있다.

참고문헌

고재홍(1996). 책임판단 연구의 개관. **한국심리학회지: 사회, 10(1)**. 1-20.

김경동(1993). **한국인의 가치관과 사회의식**. 서울: 박영사.

김기범(1996). 대인관계 속에서의 도덕성과 내집단 – 외집단 구별: 문화 비교 분석 연구. **중앙대학교 석사학위논문**.

김의철(2000). 토착심리학과 문화심리학의 과학적 토대. **한국심리학회지: 사회문제, 6(3)**. 1-24.

김재은(1987). **한국인의 의식과 행동양식**. 한국문화연구원 한국문화총서. 서울: 이화여자대학교 출판부.

김혜숙(1995). 귀인상황의 공개성과 (집단)자아존중이 자기 고양 귀인과 집단고양 귀인에 미치는 영향. **한국심리학회지: 사회, 9(1)**. 45-64.

금장태(1996). **유학사상과 유교문화**. 서울: 전통문화연구회.

나은영, 차재호(1999). 1970년대와 1990년대 간 한국인의 가치관 변화와 세대차 증감. **한국심리학회지: 사회 및 성격, 13(2)**. 16-60.

박영신(2000). 한국인의 성취의식과 귀인양식에 대한 토착심리학적 분석. **한국심리학회지: 사회문제, 6(3)**. 67-98.

유승엽(1995). 한국인의 상호작용에서 나타나는 의례성의 심리과정과 그 기능. **중앙대학교 박사학위논문**.

윤태림(1964). **한국인의 성격**. 서울: 현대교육총서출판사.

이규태(1993). **선비의 의식구조**. 서울: 신원문화사.

이석재(1996). 자기 제시 책략척노의 타당성 검증. **한국심리학회지: 사

138

회, 10(1), 115-135.

이승환(1998). **유가사상의 사회철학적 재조명**. 인문사회과학총서. 서울: 고려대학교 출판부.

이영주(1989). 자기－노출방식이 인상형성과 호감에 미치는 영향. **중앙대학교 석사학위논문**.

이정모(1997) 심리학 방법론의 개념적 재구성: 서양심리학 방법론의 시사. **한국심리학회 추계심포지엄: 동양심리학의 모색**. 155-180.

이종한(2000). 한국인의 대인관계의 심리 사회적 특성: 집단주의적 성향과 개인주의적 성향으로의 변화. **한국심리학회지: 사회문제**, 6(3), 201-219.

조긍호(1998). **유학심리학**. 서울: 나남출판

조긍호(1999). 문화와 인지: 타인이해의 연구를 중심으로. 미출판.

조긍호, 김은진(2001). 문화성향과 동조행동. **한국심리학회지: 사회 및 성격, 15(1)**, 139-165.

최봉영(1998). 한국사회의 천박성에 대한 고찰. **국제한국학회지, 3**. 117-140.

최상진(1990). 속담을 통해본 한국인의 심성에 대한 사회적 표상. **중앙대학교 사회과학연구, 4**, 중앙대학교 사회과학연구소, 133-176.

최상진(1991) 한국인의 토착심리학 구성과 그 임상적 시사점. **한국심리학회 임상 심리분과회 월례발표회**, 11월 3일.

최상진(1992). 한국인의 문화-심리적 자기. **인문과학 논문집, 35**. 203-224.

최상진(1999). 제1장 서론. 최상진, 한덕웅, 조긍호, 윤호균, 이수원(공저). **동양심리학**(pp.1-20). 서울: 지식산업사.

최상진(2000). **한국인 심리학**. 서울: 중앙대학교 출판부.

최상진(2000). 한국 문화심리학의 이론과 실제: 지난 20여 년간의 심리학 연구를 통해서 얻은 문화심리학적 경험. **한국심리학회지: 사**

회문제, 6(3), 25-40.

최상진, 김기범(1999). 한국인의 self의 특성: 서구의 self 개념과 대비
　　를 중심으로. **한국심리학회지: 사회 및 성격, 13(2)**, 275-292.

최상진, 김시업, 김은미, 김기범(2000a). 우리 성·정 관계에서 나타나
　　는 집단 편향귀인 현상에 대한 문화심리적 해석: 겸손행위의 심
　　층분석을 중심으로. **한국심리학회 연차대회 학술발표 논문초록**,
　　76-77.

최상진, 김시업, 김은미, 김기범(2000b). 한국 여성들의 사회규범적 행
　　위양식에 대한 조망: 집단고양 편향과 겸손행위에 대한 분석. **한**
　　국심리학회지: 여성, 5(2), 103-115.

최상진, 유승엽(1994). 한국인의 의례적 언행과 그 기능. **한국심리학회**
　　연차대회 학술발표논문, 369-385.

최상진, 이장주(1998). 문화심리학의 성격고찰: 한국인 심리학 연구와
　　관련하여. **한국심리학외 연차대회 학술발표 논문**, 523-529.

최상진, 한규석(1999). **교류 행위를 통해 본 한국인의 사회심리**. 서울:
　　사계절.

최상진, 한규석(2000). 문화심리학적 연구방법론. **한국심리학회지: 사회**
　　및 성격, 14(2), 123-144.

최상진, 한규석, 김기범(2000). 문화, 마음, 인지 구성에서의 삼위일체
　　적 역동. **한국사회 및 성격심리학회 동계학술발표대회**, 14-19.

최재석(1993). **한국인의 사회적 성격**. 서울: 박문사.

최준식(1998). 일상생활에서 보이는 한국인들의 천박함에 대한 문화이
　　론적 설명. **국제 한국학회지, 3**, 156-177.

한규석(1995). **사회심리학의 이해**. 서울: 학지사.

한규석(1996). 지역사회의 사회심리학적 연구: 그 성격과 접근법. **한**
　　국심리학회지: 사회, 10(1), 21-37.

한규석(2000). 한국인의 공과 사의 영역: 공정과 인정의 갈등. **한국심**

리학회지: 사회문제. 6(2), 39-63.

한덕웅(1995). 집단행동 이론의 비판적 개관(Ⅱ): 집단 간 관계 이론을 중심으로. 한국심리학회지: 사회, 10(1), 39-84.

Allison, P. D.(1992). The cultural evolution of beneficent norms. Social Forces, 71, 279-301.

Arkin, R. M., Appelman, A. J., & Berger, J. M.(1980). Social anxiety, self-presentation and the self-serving bias in causal attribution. Journal of Personality and Social Psychology, 38, 23-35.

Battle, E. S., & Rotter, J. B.(1963). Children's feeling of personal control as related to social class and ethic group. Journal of Personality and Social Psychology, 31, 482-490.

Berger, P. L., & Luckmann, T.(1966). The social construction of reality. Garden City, NY: Doubleday.

Blake, J., & Davis, K.(1964). Norms, values and sanctions. In R. E. L. Faris(Ed.), Handbook of modern sociology (pp.456-484). Chicago: Rand McNally.

Bradely, G. H.(1978). Self-serving biases in attribution process: A reexamination of fact or fiction question. Journal of Personality and Social Psychology, 36, 56-71.

Bond, M. H., Hewstone, M., Wan, K. C., & Chui, C. K.(1985). Group-serving attributions across intergroup contexts: Cultural differences in the explanation of sex-typed behaviors. European Journal of Social Psychology, 15, 435-451.

Bruner, J. S.(1990). Acts of meaning. MA: Harvard University Press.

Campbell, D. T.(1975). On the conflicts between biological and social evolution and between psychology and moral tradition. *American psychologist, 30,* 1103-1126.

Chandler, T. A., Shama, D. D., Wolf, F. M., & Planchard, S. K.(1981). Multiattributional causality: A five cross-national samples study. *Journal of Cross-Cultural Psychology, 12,* 207-221.

Choi, I., Nisbett, R. E., & Nornzayan, R.(1999). Casual attribution across cultures: Variation and universality. *Psychological Bulletin, 125(1),* 47-63.

Cialdini, R. B., Kallgren, C. A., & Reno, R. R.(1991). A focus theory of normative conduct: A theoretical refinement and reevaluation of the role of norms in human behavior. *Advances in Experimental Social Psychology, 21,* 201-234.

Cialdini, R. B., Reno, R. R., & Kallgren, C. A.(1990). A focus theory of normative conduct: Recycling the concept of norms to reduce littering in public places. *Journal of Personality and Social Psychology, 58,* 1015-1026.

Cialdini, R. B. & Trost M. R.(1998). Social influence: Social norms, conformity, and compliance. In D. T. Gilbert, S. T. Fiske & G. Lindzey(Eds.), *The Handbook of Social Psychology*(pp.151-192). The McGRAW-Hill Companies, Inc.

Deutsch, M., & Gerard, H. B.(1995). A study of normative and informational social influences upon individual judgment. *Journal of Abnormal and social Psychology, 51,* 629-636.

Fishbein, M., & Ajzen, I.(1975). *Belief, attitude, intention and behavior: An introduction to theory and research.* Reading,

MA: Addison-Wesley.

Frieze, I. H.(1975). Women's expectations and causal attribution of success and failure. In M. T. S Mednick, S. S. Tangri, & L. W. Hoffman(Eds.), *Women and achievement: Social and motivational analyses*. Washington, D.C.: Hemisphere.

Fry, P. S. & Ghosh, R.(1980). Attributions of success and failure: Comparisons of cultural differences between Asian and Caucasian children. *Journal of Cross-Cultural Psychology, 11,* 343-363.

Gilbert D. T.(1995). Attribution and interpersonal perception. In A. Tesser(Ed.), *Advanced social psychology*(pp. 99-147). New York: Mcgraw-Hill.

Glassman, M.(1996). Understanding Vygotsky's motive and goal: An exploration of the Work of A.N. Leontiev. *Human Development, 39,* 309-327.

Greenfield, P.(1997). Culture as process: Empirical methods for cultural psychology. In W. Berry, Y. H. Poortinga, & J. Pandey(Eds.,) *Handbook of Cross-Cultural Psychology.* (Vol. 1)(pp.303-346). Boston: Allyn and Bacon.

Heine, S. J., & Lehman, D. R.(1997) The cultural construction of self-enhancement: An examination of group-serving biases. *Journal of Personality and Social Psychology, 72 (6),* 1268-1283.

Hewstone, M., & Jaspars, J. M. F.(1982). Explanation for racial Discrimination: the effect of group discussion on intergroup attributions. *European Journal of Social Psychology, 12,* 1-16.

Hong, Y. Y., Morris, M. W., Chiu, C. Y., & Martinez V.

B.(2000). Multicultural minds a dynamic constructivist approach to culture and cognition. *American Psychologist, 55(7),* 709-720.

Jacobs, R. C., & Campbell, K. T.(1961). The perpetuation of an arbitrary tradition through several generations of a laboratory microculture. *Journal of Abnormal and Social Psychology, 62,* 649-658.

Kashima, Y.(1999). Culture, Communication, and entitativity. Paper presented at the Asian Association of Social psychology. August 4-7. Taipei, Taiwan.

Kashima, Y., Mckintyre, A., & Clifford, P.(1998). The category of the mind: Folk psychology of belief, desire, and intention. *Asian Journal of Social Psychology. Vol. 1,* 289-313.

Kashima, Y., & Triandis, H. C.(1986). The self-serving bias in attributions as a coping strategy: A cross-cultural study. *Journal of Cross-Cultural Psychology, 17,* 83-97.

Kelley, H. H.(1967). Attribution theory in social psychology. In D. Levine(Ed.), *Nebraska Symposium on Motivation* (pp.192-238). Lincoln: University of Nebraska Press.

Krull, D. S., Loy, M. H-M., Lin J., & Wang, C-F.(1999). The fundamental attribution error: Correspondence bias in individualist and collectivist cultural. *Personality and Social Psychology Bulletin, 25,* 1208-1219.

Kudo, E.(1999). Mediating effect of effortful thinking on self-serving bias. Paper presented at the Asian Association of Social psychology. August 4-7. Taipei, Taiwan.

Lau, R. R., & Russel, D.(1980). Attributions in sports pages.

Journal of Personality and Social Psychology, 39, 29-38.

Leary, M. R.(1995). *Self-presentation: Impression management and interpersonal behavior.* Madison, WI: Brown & Benchmark.

Leong, C. H., & Ward C.(1999). The Effects of Enhancing and Effacing Attributions for Success and Failure on Chinese Person Perceptions in Self and Group Referent Conditions. In T. Sugiman, M. Karasawa, J. H. Liu, & C. Ward.(Eds.). *Progress in Asian Social Psychology. Vol* Ⅱ(pp.75-85). Seoul: Kyoyook-Kwahak-Sa Publishing Company.

Lillard A.(1998). Ethnopsychologies: Cultural variations in theories of mind. *Psychological Bulletin. Vol 123, No.1,* 3-32.

Lumsden, C. J.(1988). Psychological development: Epigenetic rules and gene-culture coevolution. In K. B. MacDonald(Ed.), *Sociobiological perspectives on human development* (pp.234-267). New York: Springer.

Markus, H. R., & Kitayama, S.(1991). Culture and the self: Implications for cognition, emotion and motivation. *Psychological Review, 98,* 224-253.

Markus, H. R., & Kitayama, S.(1994). A collective fear of the collective: Implications for selves and theories of selves. *Personality and Social Psychology Bulletin, 20(5),* 568-579.

Matsumoto, D.(1999). Culture and self: An emprirical assessment of Markus and Kitayama's theory of independent and interdependent self-construals. *Asian Journal of Social Psychology 2.* 289-310.

Matsumoto, H., & Kitayama, S.(1999). Self-criticism in Japan.

Paper presented at the Asian Association of Social psychology, August 4-7. Taipei, Taiwan.

McKirnan, K. J.(1980). The identification of deviance: A conceptualization and initial test of a model of social norms. *European Journal of Social Psychology, 10,* 75-93.

Miller, D. T., & Ross, M.(1975). Self-serving biases in the attribution of causality: Fact of fiction? *Psychological Bulletin, 82,* 213-225.

Miller, D. T., & Schlenker, B. R.(1985). Egotism in group members: Public and private attributions for group performance. *Social Psychology Quarterly, 48,* 85-89.

Miller, J. G.(1999). Cultural psychology: Implications for basic psychological theory. *Psychology Science, 10(2),* 85-91.

Moscovici, S.(1984). The phenomenon of social representation. In R. Farr & S. Moscovici(Eds.), *Social Representations* (pp.5-71). Cambridge: Cambridge University Press.

Muramoto, Y., & Yamaguchi, S.(1999). An alternative route to self-enhancement and Japanese. Paper presented at the Asian Association of Social psychology, August 4-7. Taipei, Taiwan.

Nisbett, R., & Ross, L.(1980). *Human inference: Strategies and shortcoming of social judgment.* Englewood Cliffs, NJ: Prentice Hall.

Nishmura, K., Vra, M., & Hasegawa, K.(1999). When do people want to evaluate their self-concept? The relationship between personal need for structure and self-evaluation motivation. Paper presented at the Asian Association of Social psychol-

146

ogy. August 4-7. Taipei. Taiwan.

Opp. K. D.(1982). The evolutionary emergence of norms. *British Journal of Social Psychology. 21.* 139-149.

Pepitone. A.(1976). Toward a normative and comparative bio-cultural social psychology. *Journal of Personality and Social Psychology. 34.* 641-653.

Potter W. J., & Levine-Donnerstein. D.(1999). Rethinking validity and relibaility in content analysis. *Journal of Applied Communication Research. 27.* 258-284.

Ratner. C.(1997). *Cultural psychology and qualitative methodology: Theoretical and empirical considerations.* New York: Plenum Press.

Ratner. C.(1997). Activity theory and cultural psychology. available http://www.humboldt.com/cr2/holly.htm

Rutte. C. G., Wilke. H. A. M., & Messick. D. M.(1987). Scarcity or abundance caused by people or the environment as determinants of behavior in the resource dilemma. *Journal of Experimental Social Psychology. 23.* 208-216.

Schaffer. L. S.(1983). Toward Pepitone's vision of a normative social psychology: What is a social norm? *Journal of Mind and Behavior. 4.* 275-294.

Schaller. M., & Latane. B.(1996). Dynamic social impact and the evolution of social representations: A natural history of stereotypes. *Journal of Communication. 46.* 64-71.

Schwartz. S. H.(1977). Normative influence on altruism. In L. Berkowitz(Ed.), *Advances in experimental social psychology*(Vol. 10) (pp.221-279). New York: Academic Press.

Semin, G., & Zwier, S.(1980). Social Cognition. In J. W. Berry, M. H. Segall, & C. Kagitcibasi(Eds.). *Handbook of Cross-Cultural Psychology*. Vol. Ⅲ.(pp.51-75). Boston: Allyn and Bacon.

Sherif, M.(1936). *The Psychology of social norms*. New York: Harper.

Shikanai, K.(1978). Effects of self-esteem on attribution of success-failure. *Japanese Journal of Experimental Social Psychology, 18*, 47-55.

Soloman S., Greenberg, J., & Pyszczynski, T.(1991). A terror management theory of social behavior: The psychological functions of self-esteem and cultural worldviews. *Advances in Experimental Social Psychology, 24*, 93-159.

Staub, E.(1972). Instigation to goodness: The role of social norms and interpersonal influence. *Journal of Social Issues, 28*, 131-150.

Steele, C. M.(1988). The psychology of self-affirmation: Sustaining the integrity of the self. In L. Berkowitz(Ed.), *Advances in experimental social psychology*(Vol. 21) (pp.261-301). San Diego: Academic Press.

Stiff, J. B.(1994). *Persuasive communication*. New York: Guilford.

Taylor, D. M., & Doria, J. R.(1981). Self-serving and group-serving bias in attribution. *The Journal of Social Psychology, 113*, 201-211.

Triandis, H. C., Bontempo, R., Villareal, M. J., Asai, M., & Lucca, M.(1988). Individualism and collectivism: Cross-cultural perspectives on self-ingroup relationship. *Journal of Personality and Social Psychology, 54*, 323-338.

148

Wan, K. C., & Bond, M. H.(1982). Chinese attributions for suc-
cess and failure under public and annonymous conditions of
rating. *Acta Psychologica Taivanica, 24,* 23-31.

Ward, C.(1999). The Asian self. In T. Sugiman, M. Karasawa, J.
H. Liu, & C. Ward.(Eds.). *Progress in Asian Social
Psychology. Vol Ⅱ*(pp.59-62). Seoul:
Kyoyook-Kwahak-Sa Publishing Company.

Watkins, D. & Regmi, M.(1990). Self-serving bias: A Nepalese
investigation. *The Journal of Social Psychology, 130,*
555-566.

Weary, G., & Arkin, R. M.(1981). Attributional self-presentation. In
J. H. Harvey, W. Ickes, & R. Kidd(Eds.,) *New directions
in attribution research*(Vol. 3). Hillsdale, N.J.: Erlbaum.

Wolosin, R. J., Sherman, S. J., & Till, A.(1973). Effects of coop-
eration and competition on responsibility attribution after
success and failure. *Journal of Experimental Social
Psychology, 9,* 220-235.

Yamaguchi, S.(1988). Effects of a actor's and observer's roles on
causal attribution by Japanese subjects for success and fail-
ure in competitive situations. *Psychological Reports, 63,*
619-626.

Yoshida, T., Kojo, K., & Kaku, H.(1982). A study on the devel-
opment of self-presentation in children. *Japanese Journal of
Educational Psychology, 30,* 30-37.

Zuckerman, M.(1979). Attribution of success and failure revisited,
or the motivational bias is alive and well in attribution
theory. *Journal of Personality, 47,* 245-287.

〈부 록 1〉

우리는 일반적으로 '예의가 바르다', '겸손하다'라는 말을 합니다. 예를 들어, 학과에서 수석한 사람이 자기 자신보다는 주위 사람들의 도움이나 운이 있어서 수석을 했다고 하면 아마도 '겸손하다'는 말을 할 것입니다. 다음의 질문들은 겸손에 관한 여러분의 생각을 묻는 것이니 답하여 주시기 바랍니다.

1. 주위에 겸손한 사람이 있다면 혹은 겸손한 행동을 본 일이 있다면 무엇이었는지 그 사람이나 행동을 생각하면서 답하여 주시기 바랍니다.

   겸손한 사람은 어떤 사람(성격, 태도 등)인지 기술해 주시기 바랍니다.

   _____

   _____

   겸손한 행동은 어떤 행동인지 기술해 주시기 바랍니다.

   _____

   _____

2. 왜 사람들이 겸손한 언행을 한다고 생각합니까? 그 이유를 기술
해 주시기 바랍니다.

---

3. 사람들이 겸손한 언행을 할 때 당신은 어떤 느낌이 듭니까?

---

4. 겸손한 언행을 하면 어떤 이점이나 좋은 점이 있는지 기술해 주
시기 바랍니다.

---

5. 주위에 겸손하지 않은 사람이 있다면 혹은 겸손하지 않은 행동을
본 일이 있다면 무엇이었는지 그 사람이나 행동을 생각하면서 답
하여 주시기 바랍니다.

   겸손하지 않은 사람은 **어떤 사람**(성격, 태도 등)인지 기술해 주시
   기 바랍니다.

   겸손하지 않은 행동은 어떤 행동이 있는지 기술해 주시기 바랍니다.

---

6. 왜 사람들이 겸손하지 않은 언행을 한다고 생각합니까? 그 이유
   를 기술해 주시기 바랍니다.

   _____

   _____

7. 사람들이 겸손하지 않은 언행을 할 때 당신은 어떤 느낌이 듭니까?

   _____

   _____

8. 겸손하지 않은 언행을 하면 어떤 불리한 점이나 나쁜 점이 있는
   지 기술해 주시기 바랍니다.

   _____

   _____

9. 우리 주위에서 겸손해야 하는 사람(직업, 위치 등), 겸손하지 않아
   도 되는 사람(직업, 위치 등)은 누가 있다고 생각합니까? 생각하
   는 대로 기술해 주시기 바랍니다.

   겸손해야만 하는 사람_____

   겸손하지 않아도 되는 사람_____

〈부 록 2〉

◆ 우리는 일반적으로 어떤 상황에서 '겸손하게 행동하거나 말을 합니다'. 예를 들면, 어른들 앞에서 공손하게 예의를 갖추거나, 마라톤 경기에서 우승한 상황에서 소감을 이야기할 때 자신의 능력보다는 '부모님이나 감독 덕분에 승리하였다'고 할 경우에 겸손하다고 평가합니다. 최근에 겸손한 행동을 한 경우나 혹은 다른 사람의 겸손한 언행을 본 일이 있다면, 그러한 상황이나 그 사람과의 관계를 생각하면서 아래의 질문에 응답하여 주십시오.

1. **어떤 상황**에서 겸손한 언행을 했는지(즉, 겸손을 언행을 한 상황) 생각나는 대로 상황 세 가지를 기술해 주십시오.

   1)_____

   2)_____

   3)_____

2. 구체적으로 겸손한 행동을 **어떻게 표현했습니까(언어적 표현)**?

   1)_____

   2)_____

   3)_____

3. 겸손한 언행을 할 때, 말 이외에 어떤 **몸짓이나, 자세, 표정**을 취했습니까?

   1)_____

2)_____

3)_____

4. 겸손하게 행동하고 난 후의 당신의 느낌은 어떠하였습니까?

   1)_____

   2)_____

   3)_____

5. 당신이 생각하기에 그 겸손한 행동은 **진심 어린** 마음에서 행한 것이었습니까? 만일 진심이 담겨있다면, 어떻게 표현하거나 행동하는 것이 진심이 담겨있다고 생각합니까?

   1)_____

   2)_____

   3)_____

  만약, 진심 어린 마음에서 한 행동이 **아니라면**, 그 이유는 무엇이라고 생각하십니까?

   1)_____

   2)_____

   3)_____

6. 겸손행동을 본 **그 사람 혹은 다른 사람들의 마음**은 어떨 것이라고 생각하십니까?

   1)_____

   2)_____

   3)_____

7. **다른 사람들이나 자신이** 겸손한 행동을 의례적으로나 혹은 마음
   에도 없이 했다는 것을 어떻게 알 수 있습니까?
   1)＿＿＿＿＿＿＿＿＿＿＿＿＿＿＿＿＿＿＿＿＿＿＿＿＿
   2)＿＿＿＿＿＿＿＿＿＿＿＿＿＿＿＿＿＿＿＿＿＿＿＿＿
   3)＿＿＿＿＿＿＿＿＿＿＿＿＿＿＿＿＿＿＿＿＿＿＿＿＿

8. 만일 윗사람 앞에서 겸손한 언행을 했다면, 그 이유는 그 사람과
   당신과의 관계 때문이었습니까 혹은 그 사람의 **사회적 지위나 위
   치** 때문이었습니까? 그 이유를 기술해 주시기 바랍니다.
   1)＿＿＿＿＿＿＿＿＿＿＿＿＿＿＿＿＿＿＿＿＿＿＿＿＿
   2)＿＿＿＿＿＿＿＿＿＿＿＿＿＿＿＿＿＿＿＿＿＿＿＿＿
   3)＿＿＿＿＿＿＿＿＿＿＿＿＿＿＿＿＿＿＿＿＿＿＿＿＿

9. 당신이 그 사람 앞에서 겸손한 언행을 함으로써, 두 사람간의 관
   계에 어떠한 변화가 생겼다거나 생길 것이라고 생각합니까?
   1)＿＿＿＿＿＿＿＿＿＿＿＿＿＿＿＿＿＿＿＿＿＿＿＿＿
   2)＿＿＿＿＿＿＿＿＿＿＿＿＿＿＿＿＿＿＿＿＿＿＿＿＿
   3)＿＿＿＿＿＿＿＿＿＿＿＿＿＿＿＿＿＿＿＿＿＿＿＿＿

10. 당신이 그 사람 앞에서 겸손한 언행을 함으로써, 그 사람의 당신
    에 (인상이라든지, 성격이라든지) 대한 평가나 생각에 어떤 변화
    가 생겼다고 생각합니까?
    1)＿＿＿＿＿＿＿＿＿＿＿＿＿＿＿＿＿＿＿＿＿＿＿＿＿
    2)＿＿＿＿＿＿＿＿＿＿＿＿＿＿＿＿＿＿＿＿＿＿＿＿＿
    3)＿＿＿＿＿＿＿＿＿＿＿＿＿＿＿＿＿＿＿＿＿＿＿＿＿

11. 만일 그 사람이 당신과 매우 가까운 사이였더라도 당신은 겸손하
    게 행동했을까요? 가까움에도 불구하고 겸손했다거나, 가까워서
    겸손하게 행동하지 않았다면 그 이유를 기술해 주시 바랍니다.
    1)＿＿＿＿＿＿＿＿＿＿＿＿＿＿＿＿＿＿＿＿＿＿＿＿
    2)＿＿＿＿＿＿＿＿＿＿＿＿＿＿＿＿＿＿＿＿＿＿＿＿
    3)＿＿＿＿＿＿＿＿＿＿＿＿＿＿＿＿＿＿＿＿＿＿＿＿

12. 당신은 친구(들)와 함께 있을 때에도 겸손하게 언행한 일이 있
    습니까? 있다면 어떤 경우이고 왜 그랬는지 그 이유를 기술해
    주기 바랍니다.
    1)＿＿＿＿＿＿＿＿＿＿＿＿＿＿＿＿＿＿＿＿＿＿＿＿
    2)＿＿＿＿＿＿＿＿＿＿＿＿＿＿＿＿＿＿＿＿＿＿＿＿
    3)＿＿＿＿＿＿＿＿＿＿＿＿＿＿＿＿＿＿＿＿＿＿＿＿

13. 당신은 후배(들) 혹은 동생(들)과 함께 있을 때에도 겸손하게
    언행한 일이 있습니까? 있다면 어떤 경우이고 왜 그랬는지 그
    이유를 기술해 주기 바랍니다.
    1)＿＿＿＿＿＿＿＿＿＿＿＿＿＿＿＿＿＿＿＿＿＿＿＿
    2)＿＿＿＿＿＿＿＿＿＿＿＿＿＿＿＿＿＿＿＿＿＿＿＿
    3)＿＿＿＿＿＿＿＿＿＿＿＿＿＿＿＿＿＿＿＿＿＿＿＿

〈부 록 3〉

다음의 시나리오를 읽고 질문에 답하여 주시기 바랍니다.

철수(남 집단 / 나 - 우리 집단)는 친한 친구 세 명과 함께 방송국에서 개최한 퀴즈 프로그램에 나갔다. 철수 팀은 계속 승리를 하여 최종 결승전에 나가게 되었다. 최종 결선에 나온 팀은 두 팀! 오늘 이긴다면 대망의 우승으로, 네 명 모두 다음 학기 장학금을 받게 된다.

퀴즈 게임은 시작되었고, 모두 15문제를 풀게 되어 있다. 14문제를 푼 결과 7 대 7! 이제 마지막 한 문제로 승패를 가르게 된다. 마지막 문제가 나오고, 철수는 문제를 듣자마자 벨을 눌러 답을 하였다. 정답이었다. 철수네 팀이 승리한 것이다(성패).

철수는 우승 소감을 묻는 사회자의 질문에 답하기를, "내가 실력이 탁월해서 이긴 것 같습니다."라고 말했다.

---

1. 철수는 승리 원인을 묻는 질문에 '내가 실력이 탁월해서 이긴 것 같습니다'라고 대답했습니다. 이렇게 말하는 것을 어떻게 생각합니까?

| 전혀 겸손
하지 못하다 | 겸손하지
못하다 | 중간이다 | 겸손하다 | 매우
겸손하다 |

2. 당신이 만일 철수를 친구로 사귄다면, 얼마나 좋아할 것 같습니까?

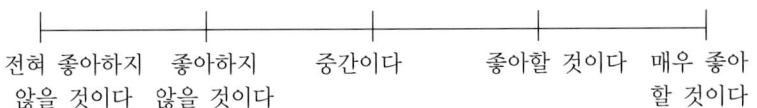

| 전혀 좋아하지 | 좋아하지 | 중간이다 | 좋아할 것이다 | 매우 좋아 |
| 않을 것이다 | 않을 것이다 | | | 할 것이다 |

3. 당신은 철수가 인격적으로 성숙한 사람이라고 생각합니까?

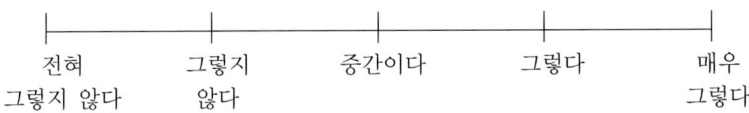

| 전혀 | 그렇지 | 중간이다 | 그렇다 | 매우 |
| 그렇지 않다 | 않다 | | | 그렇다 |

4. 당신은 철수가 우리 사회에서 바람직한 사람이라고 생각합니까?

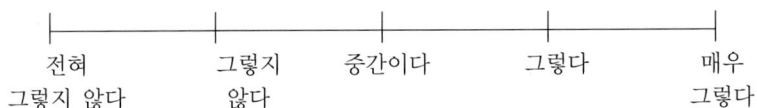

| 전혀 | 그렇지 | 중간이다 | 그렇다 | 매우 |
| 그렇지 않다 | 않다 | | | 그렇다 |

5. 당신은 철수를 당신이 속한 집단에 끼워주고 싶습니까?

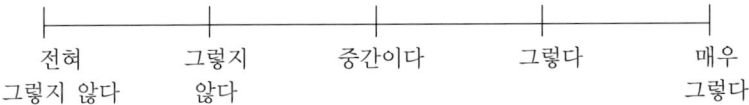

| 전혀 | 그렇지 | 중간이다 | 그렇다 | 매우 |
| 그렇지 않다 | 않다 | | | 그렇다 |

6. 당신은 철수가 예의가 바르다고 생각합니까?

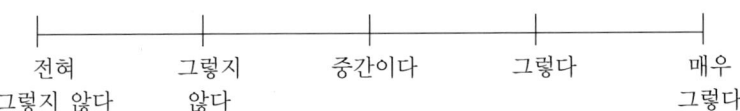

| 전혀 | 그렇지 | 중간이다 | 그렇다 | 매우 |
| 그렇지 않다 | 않다 | | | 그렇다 |

7. 당신은 철수가 솔직하게 우승 소감을 표현했다고 생각합니까?

| 전혀 | 그렇지 | 중간이다 | 그렇다 | 매우 |
| 그렇지 않다 | 않다 | | | 그렇다 |

· 저자 ·

김은미   중앙대학교 대학원에서 석사학위, 박사학위를 취득(사회 심리학 전공)하였다. 주요 저서로는 『심리학 개론』(공저)이 있으며, 역서로는 『행복심리학』, 『노인 심리와 사회』가 있다. 사회문화적 시각에서 한국인의 행동특성에 대한 이해와 인간의 삶의 질에 영향을 미치는 요인들에 관한 몇 편의 논문이 있다. 최근에는 삶의 질에 영향을 미치는 요인들과 사회적 규범행동에 관심을 두고 있다.

한국인의 겸손의 심리
: 문화심리학적 분석

· 초판 인쇄	2007년 2월 28일
· 초판 발행	2007년 2월 28일
· 지 은 이	김은미
· 펴 낸 이	채종준
· 펴 낸 곳	한국학술정보㈜
	경기도 파주시 교하읍 문발리 526-2
	파주출판문화정보산업단지
	전화 031) 908-3181(대표)·팩스 031) 908-3189
	홈페이지 http://www.kstudy.com
	e-mail(출판사업부) publish@kstudy.com
· 등 록	제일산-115호(2000. 6. 19)
· 가 격	20,000원

ISBN   978-89-534-6424-7 93180 (Paper Book)
       978-89-534-6425-4 98180 (e-Book)